W0461551

tante ema®

Lieblingsstücke

selbst gemacht

OZ creativ

Liebe Leserin, lieber Leser,

oft bin ich gefragt worden, ob ich nicht auch mal die Schnittmuster für meine Lieblingsstücke veröffentlichen könnte. Ich habe lange gezögert. Da all die Stückchen Teil der großen tante-ema-Kollektion sind, habe ich mich mit dem Gedanken zugegebener Maßen wirklich schwer getan.

Als mich Ende 2008 der OZ-Verlag ansprach und mir die Idee dieses Buchs präsentierte, das, nach verschiedenen Räumen gegliedert, romantische Hingucker und Wohnungsverschönerer zeigen wollte, fand ich die Idee so entzückend, dass ich bald Feuer gefangen hatte.
So folgten viele Wochen intensiver Arbeit. Erst die Auswahl der Lieblingsstücke: es sollte ja für jeden Raum etwas Besonderes dabei sein. Und gleichzeitig sollte sowohl für Nähprofis, als auch für Anfänger etwas Passendes zu finden sein. Ich denke, das ist gelungen, und ich bin stolz und froh, Ihnen das Buch zu präsentieren! Ich hoffe sehr, dass es Ihnen gefällt.

Mögen sich viele der Kleinode schon bald in Ihrer Wohnung wohl fühlen! Alle meine Modelle sind mit viel Liebe gemacht! Liebe zum Stoff, Liebe zum schönen und anspruchsvollen Wohnen und mit Liebe zum handgearbeiteten Detail. So wie jedes Modell ein Einzelstück ist, werden auch diese Lieblingsstücke für Sie etwas ganz Besonderes sein.

Verwöhnen Sie sich und Ihre Liebsten und experimentieren Sie ruhig ein wenig! Die kleinen Täschchen von Seite 34 passen natürlich nicht nur ins Bad, sondern auch ins Schlafzimmer, ins Büro oder aufs Schlüsselbrett. Das Kissen von Seite 8 fühlt sich auch in der Gartenlaube wohl und die Herzchen von Seite 64 sehen einfach überall süß aus! Und bestimmt haben Sie noch viel mehr fröhliche Ideen!

Sie möchten mir mitteilen, welches Ihr Lieblingsstück ist? Nichts lieber als das! Schreiben Sie mir! Und haben Sie viel Freude beim Nähen!

Viele herzliche und süße Grüße

Ihre tante ema
alias Emanuela Pesché

Inhalt

Wohlfühlen in kuscheliger Gesellschaft

Lieblingsstücke für das Wohnzimmer

Für die einen ist das Wohnzimmer das Herz ihrer Wohnung, für die anderen ein Raum zum Wohlfühlen. Warum nicht einfach beides miteinander verbinden? Mit meinen fröhlichen Ideen mag man aus dem Wohnzimmer gar nicht mehr raus! Am besten gleich losnähen!

Blütenkissen für Kuschelstunden

Sofakissen ♥ **Größe:** 60 x 40 cm ♥ **Schwierigkeitsgrad:** **

Dieses Kissen ist Romantik pur! Schon beim Hingucken denken wir an den Duft von Omas Apfelkuchen und leckere heiße Schokolade!

Material:

- Baumwollstoff, kariert in Weiß / Rosa, 20 x 90 cm
- Baumwollstoff mit Blümchenmuster in Rosa, 50 x 110 cm
- Baumwollspitze in Weiß, ca. 2 cm breit, 85 cm
- Reißverschluss in Weiß , ca. 40 cm lang
- Kisseninlett, 40 x 60 cm

Zuschnitt:

- Karostoff: 2 x Seitenteil, 16,5 x 43 cm
- Blümchenstoff: 1 x Mittelteil, 33 x 43 cm, 1 x Rückseite, 62 x 43 cm

Nähen:

Die Baumwollspitze halbieren. Auf jedes Seitenteil an einer Längsseite ein Stück Spitze links auf rechts auflegen, feststecken und füßchenbreit festnähen (siehe auch Seite 81).

Die Seitenteile mit der Spitzenkante rechts auf rechts auf die Längsseiten des Mittelteils stecken und mit 1 cm breiter Naht zusammennähen. Die Nahtzugaben versäubern und zur Kissenmitte bügeln.

Vorder- und Rückseite rundum versäubern und dann die unteren Kanten rechts auf rechts aufeinanderstecken. Die Naht an der unteren Kante mit 2 cm Nahtbreite an den Seiten jeweils 11 cm weit schließen, dazwischen bleibt eine 40 cm große Öffnung für den Reißverschluss. Die Nahtzugaben auseinanderbügeln, an der Reißverschlussöffnung die Stoffkanten 2 cm breit nach links umbügeln. Den Reißverschluss unter die Öffnung heften, so dass die umgebügelten Kanten über den Zähnchen aneinanderstoßen, und dann mit dem Reißverschlussfuß rundum füßchenbreit feststeppen (siehe auch Seite 82). Reißverschluss öffnen, die anderen Kanten des Kissens rechts auf rechts aufeinanderstecken und 1 cm breit zusammennähen. Das Kissen wenden, bügeln und mit dem Inlett befüllen.

Klassiker, mal ganz romantisch

Sofakissen ♥ **Größe:** 40 x 40 cm ♥ **Schwierigkeitsgrad:** **

Hier lohnt sich ein zweiter Blick! Die kleinen Blümchen auf dem Stoff machen aus den Kissen verspielte, außergewöhnliche Klassiker.

Material:

- Baumwollstoff mit Blümchenmuster in Gelb, 50 x 90 cm
- Reissverschluss in Gelb, ca. 35 cm lang
- Kisseninlett, 40 x 40 cm

Zuschnitt:

1 Rechteck, 42 x 84 cm

Nähen:

Die Schmalseiten versäubern, rechts auf rechts aufeinanderstecken und an den Seiten jeweils 3,5 cm weit mit 2 cm Nahtbreite aufeinandernähen, dazwischen bleibt eine 35 cm große Öffnung für den Reißverschluss. Die Nahtzugaben auseinanderbügeln, an der Reißverschlussöffnung die Stoffkanten 2 cm breit nach links umbügeln. Den Reißverschluss unter die Öffnung heften, so dass die umgebügelten Kanten über den Zähnchen aneinanderstoßen, und dann mit dem Reißverschlussfuß rundum füßchenbreit feststeppen (siehe Seite 82). Reißverschluss öffnen. Den entstandenen Schlauch rechts auf rechts flach hinlegen, so dass die Reißverschlussöffnung 2 cm von der unteren Bruchkante entfernt liegt. Die Seitennähte mit 1 cm breiter Naht schließen und versäubern. Das Kissen wenden, bügeln und mit dem Inlett befüllen.

Tipp:

Machen Sie sich individuelle Kissenformen!
Nähen Sie größere und kleinere Kissen nach Wunsch und stellen Sie sich ein eigenes Inlett her. Stoff in doppelter Kissengrösse plus 1 cm auf jeder Längsseite für die Seitennähte und 2 cm an jeder Schmalseite für die Reißverschlussnaht zuschneiden. Kissen nähen, wie oben beschrieben. Fertig!

Einladung zum Entspannen

Bodenkissen ♥ **Größe:** 88 x 88 cm ♥ **Schwierigkeitsgrad:** ✻✻

Durch die Blende wird das Kissen einfach edel! Wie in den romantischen Ferien im Hotel, wo mit Blick über die Berge und Liebe zum Detail rundum alles stimmt.

Material:

- Baumwollstoff mit Blumenmuster in Grün, 100 x 190 cm
- Reissverschluss in Grün, 60 cm lang
- Kisseninlett, 80 x 80 cm
- wasserlöslicher Markierstift

Zuschnitt:

1 Rechteck, 90 x 181 cm

Nähen:

Die Schmalseiten versäubern und eine Seite 1 cm breit nach links umbügeln. Parallel zur Bruchkante mit 1 cm Abstand auf der rechten Stoffseite mit dem Markierstift eine Linie aufzeichnen. Den Reißverschluss mittig unter die Bruchkante heften, so dass die Zähnchen dicht neben der Bruchkante herausgucken. Die Bruchkante mit dem Reißverschlussfuß schmal absteppen, dabei wird das Reißverschlussband mitgefasst. Um am Zipper vorbeizunähen, die Nadel im Stoff lassen, den Nähfuß anheben und den Zipper an der Nadel vorbeiziehen.
Den Reißverschluss wieder schließen.

Die 2. Schmalseite 3 cm breit nach links umbügeln und links auf rechts auf das 2. Reißverschlussband heften, so dass die Bruchkante an der markierten Linie liegt, der Reißverschluss wird hierdurch verdeckt und es entsteht ein Schlauch. Die Bruchkante über 14,5 cm (also bis kurz vor den Reissverschluss) schmal absteppen, Nadel im Stoff lassen, Nähfuß anheben und den Stoff um 90° drehen, 2 cm quer zur Naht steppen, Stoff wieder um 90° zurückdrehen und das 2. Reißverschlussband mit 2 cm Abstand zur Bruchkante feststeppen. Um am Zipper vorbeizunähen, Reißverschluss wie oben beschrieben öffnen. Nach 75,5 cm - kurz hinter dem Reißverschlussende - den Stoff wieder um 90° drehen, 2 cm quer zur Naht steppen, Stoff um 90° zurückdrehen und die Bruchkante bis zum Ende schmal absteppen.
Reißverschluss öffnen. Den entstandenen Schlauch rechts auf rechts flach hinlegen, so dass die Reißverschlussöffnung 10 cm von der Bruchkante entfernt liegt. Die Seitennähte mit 1 cm breiter Naht schließen und versäubern. Das Kissen wenden und bügeln.
Für die Blende das Kissen rundherum 4 und 3,5 cm breit absteppen. Kissen erneut bügeln und mit dem Inlett befüllen.

Wer bekommt Dein Herz?

Herzanhänger ♥ **Größe:** 15 x 15 cm ♥ **Vorlage:** Seite 84 ♥ **Schwierigkeitsgrad:** ✻

Mischen Sie romantischen Blütenstoff mit den frechen tante-ema-Punkten. Die Rose macht den Stilmix perfekt. Diese Herzen muss man einfach haben!

Material:

- Baumwollstoff in Weiß mit rosa Blümchen, 20 x 15 cm
- Baumwollstoff in Rot mit Tupfen, 20 x 30 cm
- Satinband in Rot, 6 mm breit, ca. 25 cm lang
- Satinrose in Rot, Ø ca. 2 cm
- Polyesterwatte, ca. 20 gr.

Zuschnitt:

- Blümchenstoff: 1x Vorderseite oben, 15 x 10 cm
- Roter Baumwollstoff mit Tupfen:
  1x Vorderseite unten, 15 x 9 cm,
  1x Rückseite, 15 x 15 cm

Nähen:

Oberes und unteres Teil der Vorderseite an den Längsseiten rechts auf rechts aufeinanderstecken und füßchenbreit steppen. Nahtzugaben nach unten bügeln. Vorder- und Rückseite rechts auf rechts aufeinanderstecken. Herzschablone auf Papier übertragen, die Nahtlinie in der Vorderseite mit einzeichnen. Schablone auf die linke Seite der Vorderseite legen, so dass die Nahtlinien von Papier und Stoff aufeinanderliegen, und das Herz aufzeichnen. Das Satinband zur Schlaufe falten und in der oberen Mitte zwischen Vorder- und Rückseite feststecken, die offenen Bandenden liegen aufeinander und zeigen nach oben, die Schlaufe liegt fast an der unteren Herzspitze. Das Band eventuell mit ein paar Handstichen fixieren. Das Herz entlang der aufgezeichneten Linie mit kleinem Stich steppen, dabei an einer geraden Seite eine ca. 3 cm große Wendeöffnung lassen. Das Herz mit einem Abstand von 5 mm zur Naht ausschneiden und die Nahtzugaben an der Spitze und den Rundungen einschneiden (siehe Seite 80). Das Satinband an der Spitze ebenfalls bis kurz vor die Naht einschneiden. Das Herz wenden, bügeln und mit Füllwatte befüllen. Die Wendeöffnung von Hand schließen (siehe Seite 83) und die Rose in der oberen Mitte aufnähen.

Tipp:

Vergrößern oder verkleinern Sie die Vorlage und nähen Sie sich verschiedene Anhänger oder ein Herzset.

Für die Allerliebsten

Herzkissen ♥ **Größe:** 36 x 36 cm ♥ **Vorlage:** Seite 84–85 ♥ **Schwierigkeitsgrad:** ✻

Klassische Herzkissen als Lehne für müde Rücken und Zierde für Sofas und Sessel oder als süßes Deko-Element für die Ecke im Wohnzimmer, die bisher so leer aussah!

Material:

- Baumwollstoff in Gelb mit Blümchenmuster, 40 x 80 cm
- Polyesterwatte, ca. 190 gr.

Vorbereitung:

Ein etwa 40 x 40 cm großes Stück Transparentpapier zur Hälfte falten, mit dem Falz an die gestrichelte Linie der Vorlage legen, das Herz aufzeichnen und die Herzschablone ausschneiden.

Nähen:

Den Stoff rechts auf rechts zur Hälfte falten. Das Herz aufzeichnen und beide Teile entlang der Linie mit kleinen Stichen aufeinandersteppen, dabei an einer geraden Seite eine etwa 4 bis 5 cm große Wendeöffnung lassen. Die Spitzen doppelt nähen. Das Herz mit einem Abstand von 5 mm zur Naht ausschneiden und die Nahtzugaben an der Spitze und den Rundungen einschneiden (siehe Seite 80). Das Herz wenden, bügeln und mit Füllwatte befüllen. Wenn die Watte gleichmäßig verteilt ist, die Wendeöffnung von Hand schließen (siehe Seite 83).

Marmeladenduft liegt in der Luft

Lieblingsstücke für die Küche

Guten Morgen! Wenn der neue Tag einen in der Küche so fröhlich anlacht – wer reibt sich da nicht gern die verschlafenen Augen? Am liebsten würde man gleich eine Stunde früher aufstehen, um ganz lang zu frühstücken! Vielleicht decken Sie ja auch schon in ein paar Tagen den Tisch mit den folgenden Nähideen? Fehlt nur noch die leckere Erdbeermarmelade!

Emalotte
abholen
15.30 Uhr
- Brot
- Milch
- Butter
- Kaffee

Oma würde Augen machen

Tischdecke ♥ **Größe:** 90 x 90 cm ♥ **Schwierigkeitsgrad:** ✱✱

Rot getupfte Baumwolle und kunstvolle Spitzenkanten. Da fehlt nur noch der verführerisch duftende, frische Erdbeerkuchen mit einem schönen Sahnehäubchen!

Material:

- Bauwollstoff in Weiß mit roten Tupfen, 90 x 90 cm
- Baumwollspitze, ca. 6 cm breit, 420 cm

Zuschnitt:

- 1 Rechteck à 82 x 82 cm
- Spitze: 4 Stücke à 1 m

Nähen:

Spitzenstücke jeweils rechts auf rechts an eine Kante legen, so dass die gerade Seite an der Stoffkante liegt und die Spitze an den Seiten jeweils etwa 9 cm übersteht. Spitze und Stoff mit 1 cm breiter Naht zusammennähen, dabei die Naht jeweils 1 cm hinter der Stoffkante beginnen und 1 cm vor der Stoffkante beenden, so dass nicht über die Saumzugaben genäht wird.

Saumzugaben nach innen bügeln. Die Decke in der Diagonalen rechts auf rechts falten, so dass die Ränder der Spitzen übereinanderliegen. An den Ecken die Spitzenstücke in der Fortsetzung der Diagonalen aufeinandernähen, die überstehende Spitze bis auf 1 cm Nahtzugabe abschneiden, mit Zickzack-Stichen versäubern und zu einer Seite bügeln. Stoffkanten zusammen mit den Spitzenkanten versäubern.

Den Stoff schmal absteppen und die Nahtzugaben der Spitze an den äußeren Ecken nach innen einschlagen und von Hand festnähen.

Naschen und Kleckern erlaubt

Schürze ♥ **Größe:** ca. 72 x 71 cm ♥ **Vorlagen:** Seite: 84–87 ♥ **Schwierigkeitsgrad:** ∗∗∗

Wenn die Freude schon beim Kochen anfangen soll, müssen auf die Küchenschürze unbedingt die fröhlichen Tupfen! Dazu kommen viele liebevolle Details.

Material:

- Baumwollstoff in Rot mit weißen Tupfen, 130 x 80 cm
- Baumwollpitze in Weiß, ca. 2 cm breit, ca. 370 cm
- 4 Satinröschen in Rot, Ø ca. 2 cm

Zuschnitt:

Vorlagen von Seite 84–87 (Schürze, Tasche, Taschenbeleg und Hüftschnürband) auf Papier übertragen und ausschneiden, dabei die Vorlagenteile für die Schürze und das Hüftschnürband zusammensetzen. Teile laut Zuschneideplan (Seite 86) auf den Stoff aufzeichnen und zusätzlich je 1 Streifen à 43 x 6 cm und 66 x 6 cm für das kurze und lange Schnürband am Hals aufzeichnen. Teile ausschneiden.

Nähen:

Zunächst alle Schnürbänder nähen. Die Bänder jeweils rechts auf rechts zur Hälfte falten und füßchenbreit zusammennähen, dabei jeweils eine Schmalseite offen lassen. Nahtzugaben an den Ecken schräg abschneiden, Bänder mithilfe eines Kochlöffels oder Holzstabs wenden und bügeln. Taschenbelege rechts auf rechts an die Oberkanten der Taschen stecken und füßchenbreit nähen, Nahtzugaben einschneiden. Offene Kanten der Belege versäubern. Belege nach links umbügeln und Taschenoberkante füßchenbreit absteppen. Offene Taschenkanten versäubern. Spitze rechts auf rechts auf die offenen Kanten der Taschen stecken, so dass die gerade Kante der Spitze an der Stoffkante liegt und die Spitze an der Oberkante der Tasche etwa 1 cm übersteht. An den Rundungen die Spitze einhalten, siehe auch Seite 81. Tasche und Spitze füßchenbreit aufeinandernähen, Nahtzugaben einschneiden (siehe Seite 80) und nach innen bügeln. Taschen laut Vorlage auf die Schürze stecken und schmal absteppen, dabei die überstehenden Enden der Spitze an der Taschenoberkante nach links einschlagen und ebenfalls feststeppen.

Spitze rechts auf rechts auf die Kanten der Schürze stecken, dazu an Pfeil A (siehe Vorlage) beginnen. Der Anfang der Spitze ragt ca. 2 cm über die Stoffkante hinaus, die Naht beginnt aber erst 0,7 cm hinter der Stoffkante, so dass der Spitzenanfang nicht festgenäht wird. Das Ende der Spitze entsprechend überstehen lassen. Gerade Kante der Spitze liegt auf der Stoffkante, an den Ecken und Rundungen die Spitze einhalten, so dass sich die Spitze nach dem Umbügeln nach außen glatt legen kann, siehe auch Seite 81. Spitze und Stoff 0,7 cm breit aufeinandernähen. Anfang und Ende der Spitze rechts auf rechts aufeinanderlegen und vom Stoff aus schräg aufeinandernähen, so dass eine Ecke entsteht. Überstehende Enden abschneiden. Nahtzugaben einschneiden, versäubern und nach innen bügeln. Offene Enden der Schnürbänder laut Einzeichnungen in der Vorlage unter die Nahtzugabe schieben und daran festnähen. Dann die Bänder nach außen umschlagen und die Schürze rundum füßchenbreit absteppen, dabei werden die Bänder nochmals mitgefasst. Die Rosen laut aufnähen.

Emalotte
abholen
15.30 Uhr
- Brot
- Milch
- Butter
- Kaffee

Runde Sache zum Frühstück

Wende-Tischset ♥ **Größe:** Ø 40 cm ♥ **Vorlage:** Seite 88 ♥ **Schwierigkeitsgrad:** ✻

Diese Sets sind wunderhübsch und einfach so praktisch, dass sie in keiner Küche und auf keinem Sonntags-Frühstückstisch fehlen dürfen! Eine runde Sache!

Material:

- Stoff mit Tupfen in Rot / Weiß, 45 x 45 cm
- Stoff mit Blümchen in Rot / Weiß, 45 x 45 cm
- ca. 4 mm dickes, aufbügelbares Volumenvlies, 45 x 45 cm

Zuschnitt:

Viertelkreis der Vorlage mit gestrichelten Linien auf das obere linke Viertel eines 45 x 45 cm großen Stück Papiers übertragen. Papier entlang der beiden gestrichelten Linien falten und einen Kreis ausschneiden. Kreis auf das Volumenvlies aufzeichnen, ausschneiden und mittig auf die linke Seite des Tupfenstoffs bügeln.

Nähen:

Die beiden Stoffe rechts auf rechts aufeinanderstecken, so dass der Tupfenstoff oben liegt. Direkt neben dem Kreis aus Volumenvlies beide Stoffe aufeinandernähen, dabei eine Öffnung zum Wenden lassen. Das Set mit einem Abstand von 5 mm zur Naht ausschneiden. Die Nahtzugaben im Abstand von 0,5–0,7 cm bis kurz vor die Naht einschneiden. Das Tischset wenden und bügeln, dabei auch an der Wendeöffnung die Nahtzugaben nach innen bügeln. Die Kante schmal absteppen, dabei wird auch die Wendeöffnung geschlossen. Tischset bügeln.

Ab unter die Haube

Marmeladenhäubchen für Gläser mit 6–7 cm Ø • Vorlage: Seite 88 • Schwierigkeitsgrad: **

Ein Stückchen Stoff, ein bisschen Spitze, etwas Gummiband – und schon ist eine Marmelade viel mehr als eine Marmelade, z. B. ein Mitbringsel oder ein Geschenk.

Material:

- Baumwollstoff in Rot mit kleinen, weißen Punkten, 20 x 20 cm
- Futterstoff in Weiß, 20 x 20 cm
- Web-, Klöppel- oder Häkelspitze, an der auch die Kante zum Annähen nicht ausfranst, ca. 1 cm breit, 60 cm
- Gummikordel, Ø ca. 2 mm, ca. 30 cm
- 1 Satinrose in Rot, Ø ca. 2 cm
- wasserlöslicher Markierstift

Zuschnitt:

Je 1 Kreis nach Vorlage aus Pünktchen- und Futterstoff.

Nähen:

Beide Kreise rechts auf rechts aufeinanderstecken und füßchenbreit nähen, dabei eine 2 cm große Wendeöffnung lassen. Nahtzugaben einschneiden, siehe auch Seite 80. Haube wenden, bügeln, dabei auch an der Wendeöffnung die Nahtzugaben nach innen bügeln.
Die Spitze rechts auf rechts unter das Futter heften, so dass die Spitzenkante unter der Haube hinausragt. Die Haube von oben, am Pünktchenstoff, schmal absteppen, so dass die Spitze mitgefasst wird.
Für das Gummiband mit dem Markierstift zwei Kreise mit 7,5 und 9 cm Ø mittig auf die Haube aufzeichnen und absteppen. Zwischen den Stepplinien vorsichtig ein kleines Loch in den Futterstoff schneiden und die Gummikordel mithilfe einer Sicherheitsnadel einziehen.
Die Kordelenden verknoten und die Rose aufnähen.

Tipp:

Vergrößern oder verkleinern Sie das Marmeladenhäubchen nach Wunsch.

Für Kochlöffel und Co.

Dekokanne • **Größe:** ca. 24 x 22 cm • **Vorlagen:** Seite 89 • **Schwierigkeitsgrad:** **

Hübsch gefüttert und stabil ist diese Kanne der perfekte Aufbewahrungsort für alles, was Sie in der Küche schnell zur Hand haben möchten, z. B. Kochlöffel, Messer oder Schneebesen.

Material:

- Baumwollstoff in Rot mit weißen Tupfen, 70 x 30 cm
- Futterstoff, 50 x 30 cm
- ca. 4 mm dickes, aufbügelbares Volumenvlies, 60 x 30 cm

Zuschnitt:

Doppelte Teile jeweils gegengleich zuschneiden.

- Tupfenstoff: 2x Kanne, 2x Henkel
- Futter: 2x Kanne
- Volumenvlies: 2x Kanne, 1x Henkel (Teile ohne Nahtzugabe zuschneiden)

Nähen:

Das Vlies mit 1 cm Abstand zum Rand auf die linke Seite der Kannen und auf einen Henkel aus Tupfenstoff bügeln. Jeweils die beiden gegengleichen Kannenteile aus Futter- und Tupfenstoff an der Oberkante rechts auf rechts aufeinanderstecken und mit 1 cm breiter Naht nähen. Die Nahtzugaben auseinanderbügeln.

Die Henkelteile rechts auf rechts aufeinanderlegen und die langen Bogenkanten dicht neben der Vlieskante zusammennähen.

Henkel wenden und bügeln und laut Vorlage auf die rechte Seite eines Kannenteils aus Tupfenstoff stecken. (Henkel liegt erst nach dem Wenden flach.) Kannenteile rechts auf rechts aufeinanderstecken (Futter auf Futter und Tupfenstoff auf Tupfenstoff) und entlang der Vlieskante zusammennähen, dabei im Futter am Kannenboden eine Wendeöffnung lassen (siehe Vorlage). Die Nahtzugaben an den Rundungen einschneiden (siehe Seite 80). Kanne wenden, Wendeöffnung von Hand schließen (siehe Seite 83). Futterkanne nach innen stülpen und die Kanne bügeln, die obere Kante von der Außenseite aus 1 cm breit absteppen.

Schmuckstückchen für Gäste

Lieblingsstücke für das Badezimmer

Nicht jeder kann sich ein Designbad leisten – aber Designerstücke nähen, das kann jeder! Ganz egal, wie klein das Badezimmer ist: mit den selbst genähten Schmuckstücken darin wird unter Garantie jeder Gast große Augen machen! Egal ob Anfängerin oder Nähprofi – schauen Sie einfach mal nach. Bestimmt ist das Passende dabei. Vielleicht die runden Gästehandtücher?

Für die liebsten Gäste

Rundes Gästehandtuch • **Größe:** Ø 40 cm • **Vorlagen:** Seite 88 + 91 • **Schwierigkeitsgrad:** **

Zugegeben – es gibt Handtücher, die schneller zu nähen sind. Wer aber das Ergebnis sieht, weiß, dass sich der Aufwand gelohnt hat, und die Gäste freuen sich!

Material:

- Baumwollwaffelpikee in Weiß, 45 x 45 cm
- Baumwollstoff in Rot mit kleinen, weißen Punkten, 9 x 8 cm
- vorgefalztes, rotes Schrägband mit weißen Punkten, 20 mm breit, 145 cm
- doppelseitig klebendes Bügelvlies, 9 x 8 cm

Zuschnitt:

Viertelkreis der Vorlage mit gestrichelten Linien auf das obere linke Viertel eines 45 x 45 cm großen Stück Papiers übertragen. Papier entlang der beiden gestrichelten Linien falten und einen Kreis ausschneiden. Kreis auf den Waffelpikee aufzeichnen, Kreismitte für den Aufhänger markieren und den Kreis ausschneiden.

Bügelvlies mit dem Schutzpapier nach oben über die Herz-Vorlage legen und das Herz mit Bleistift auf das Schutzpapier aufzeichnen. Bügelvlies laut Herstellerangaben auf die linke Seite des Stoffquadrats bügeln, abkühlen lassen und das Herz ausschneiden, siehe auch Seite 83.

Nähen:

Den Kreis mit Schrägband einfassen, dazu das vorgefalzte Band zur Hälfte bügeln, so dass die Längsseiten aufeinanderliegen. Dann das Band um die Kante heften (siehe auch Seite 81), das Bandende schräg abschneiden, so dass Bandende und -anfang sich etwa 1 cm überlappen. Das Bandende 0,5 cm breit nach links einschlagen.

Das Band schmal absteppen und die eingeschlagene Kante am Bandende von Hand festnähen, siehe auch Seite 83.

Vom restlichen Band 11 cm für den Aufhänger abschneiden und die Längsseite schmal absteppen. Eine Schmalseite 0,5 cm breit umbügeln. Band zum Ring legen, so dass im Ringinneren die umgebügelte Schmalseite die offene abdeckt. Ring mit der offenen Schmalseite nach unten in der Kreismitte feststecken, Schnittkanten liegen dabei an der Markierung. Ring mit einem Quadrat feststeppen, so dass die Schmalseiten fixiert werden.

Vom Herz das Schutzpapier abziehen, es mit 4,5 cm Abstand zum Schrägband unter den Aufhänger bügeln und mit schmalem Zickzack-Stich rundum aufnähen, siehe auch Seite 83.

Alles drin, dran und aufgeräumt

Mehrzwecktäschchen • Größe: 12 x 12 x 8 cm • Schwierigkeitsgrad: **

Wer kennt das nicht: Tausend Kleinigkeiten, die man im Bad unbedingt braucht, die aber überall herumliegen. Hier finden sie alle ihren eigenen Platz!

Material:

- Baumwollstoff in Weiß mit großen, roten Tupfen, 75 x 25 cm
- Baumwollfutterstoff in Weiß, 45 x 30 cm

Zuschnitt:

- Tupfenstoff und Futterstoff: je 2 Taschenteile à 14 x 14 cm, je 1 Seitenteil à 38 x 10 cm
- Tupfenstoff: 2 Griffe à 5 x 28 cm

Nähen:

Zuerst die Außentasche aus Tupfenstoff nähen, dazu das Seitenteil mit einer Längsseite rechts auf rechts auf die rechte Seite des Vorderteils stecken und ab der Stoffkante bis 1 cm vor Ende des Taschenteils (= 13 cm) mit 1 cm breiter Naht zusammennähen. Die Nahtzugabe des Seitenteils bis kurz vor das Nahtende einschneiden, dann das Seitenteil an die Unterkante des Taschenteils stecken, am Nahtende neu ansetzen und wieder bis 1 cm vor Ende des Taschenteils nähen. Nahtzugabe des Seitenteils wieder einschneiden und die 3. Seite bis zur Stoffkante durchnähen. Das 2. Taschenteil entsprechend annähen. Die Futtertasche genauso nähen, jedoch an der Unterkante an einer Seite eine etwa 5 cm große Wendeöffnung lassen. Die Griffe rechts auf rechts zur Hälfte falten und an der Längs- und einer Schmalseite 0,5 cm breit steppen. Nahtzugaben auseinanderbügeln, Griffe wenden und die Naht an der Schmalseite knapp abschneiden. Griffe so bügeln, dass die Nähte in der hinteren Mitte liegen. Griffenden jeweils rechts auf rechts an die Oberkante der Außentasche nähen (Abstand der Griffe zur Seitennaht ca. 2 cm, Rückseiten der Griffe mit Nähten in der Mitte zeigen nach oben). Außen- und Futtertasche rechts auf rechts ineinanderschieben, die Oberkanten aufeinanderstecken und mit 1 cm breiter Naht nähen. Tasche wenden und bügeln. Die Oberkante der Tasche auf dem Tupfenstoff füßchenbreit absteppen.
Die Wendeöffnung von Hand schließen (siehe Seite 83) und die Tasche bügeln.

FLEX & STRONG WITH BAMBOO

Wer seift wen ein?

Waschlappen • **Größe:** 15 x 21 cm • **Schwierigkeitsgrad:** *

Mit tante emas fröhlich gepunktetem Waschhandschuh können sich auch Näh-Anfänger richtig austoben! Sofortiger Einsatz erwünscht!

Material:

- Baumwollwaffelpikee in Weiß, 35 x 25 cm
- Baumwollstoff in Rot mit weißen Tupfen, 40 x 10 cm
- 1 Satinrose in Hellblau, Ø ca. 2 cm

Zuschnitt:

- Waffelpikee: 32 x 22 cm
- Tupfenstoff: Blende, 32 x 6,5 cm, Aufhängerband, 8 x 4 cm

Nähen:

Zunächst die Aufhängerschlaufe nähen, dazu die Längsseiten je 2-mal 1 cm breit nach links umbügeln und das Band schmal absteppen. Blende an einer Längseite 1 cm breit nach links umbügeln, die andere Längsseite rechts auf links an eine Längsseite des Pikees stecken und mit 1 cm breiter Naht festnähen. Nahtzugaben auseinander- und Blende auf die rechte Seite umbügeln. Untere, umgebügelte Blendenkante feststecken und schmal absteppen. Aufhängerband zur Schlaufe legen und an einer Schmalseite oben an die Blende nähen, offene Kanten des Bandes liegen dabei an der offenen Blendenkante, Abstand zur oberen Kante ca. 0,5 cm. Rechteck rechts auf rechts zur Häfte falten und mit 1 cm breiter Naht an der Seite und Unterkante aufeinandernähen, Nahtzugaben versäubern, Waschlappen wenden und bügeln.

Praktisch und schön

Kulturtasche • Größe: 20 x 14 cm • Schwierigkeitsgrad: ✱✱

Alles rein, Reißverschluss zu, einpacken und mitnehmen! Egal ob zuhause, im Zelt oder in der Nobelherberge – diese Tasche kann und will überall mit hin!

Material:

- Baumwollstoff in Weiß mit roten Tupfen, 50 x 25 cm
- Baumwollfutterstoff in Weiß, 50 x 25 cm
- Reissverschluss in Weiß, 20 cm lang

Zuschnitt:

- Tupfen- und Futterstoff: je 1 Rechteck à 46 x 22 cm

Nähen:

Die Längsseiten der Rechtecke versäubern. Futter mit der rechten Seite nach oben hinlegen, den Reißverschluss mit der rechten Seite nach oben mittig an eine Schmalseite legen, so dass das Reißverschlussband mit der Stoffkante abschließt. Zum Schluss den Tupfenstoff mit der linken Seite nach oben über Futter und Reißverschluss legen (die Stoffrechtecke liegen deckungsgleich übereinander). Alles an der Schmalseite zusammenstecken und füßchenbreit absteppen. Die andere Schmalseite von Futter und Tupfenstoff entsprechend an das andere Reißverschlussband nähen, der Tupfenstoff liegt dann im Bogen über dem Reißverschluss, das Futter darunter. Den Reißverschluss öffnen, die Tasche wenden und den Reißverschluss schmal absteppen.

Die Tasche wieder wenden, die offenen Kanten so rechts auf rechts aufeinanderlegen, dass der Reißverschluss zur Hälfte gefaltet die obere Kante bildet. Seiten mit 1 cm Nahtbreite nähen.

Die unteren Ecken flach drücken, so dass sich ein Dreieck bildet, bei dem die Naht durch die Mitte zur Spitze läuft (siehe Seite 81). Die Spitzen dieser Dreiecke jeweils 4 cm breit quer zur bestehenden Naht abnähen, bis auf 1 cm Nahtzugabe abschneiden und die Nahtzugaben versäubern.

Die Tasche erneut wenden. Die obere Kante 3 cm breit nach innen umbügeln und füßchenbreit absteppen.

Lust auf eine frische Dusche?

Handtuch • **Größe:** 50 x 100 cm • **Vorlage:** Seite 89 • **Schwierigkeitsgrad:** ✱✱

Wer genießt es nicht, nach der Dusche das sanft massierende Gefühl eines Handtuchs aus Pikeestoff auf der Haut zu spüren? Am besten gleich loslegen und verschiedene Größen nähen!

Material:

- Waffelpikee aus Baumwolle in Weiß, 105 x 60 cm
- Baumwollstoff in Rot mit Tupfen, 125 x 15 cm
- doppelseitig klebendes Bügelvlies, 10 x 10 cm

Zuschnitt:

- Waffelpikee: 102 x 54 cm
- Baumwollstoff in Rot mit Tupfen:
  2 Blendenstreifen à 10 x 52 cm,
  für den Aufhänger 1 Rechteck à 4 x 10 cm,
  für das Herz 1 Quadrat à 10 x 10 cm

Bügelvlies mit dem Schutzpapier nach oben über die Herz-Vorlage legen und das Herz mit Bleistift auf das Schutzpapier aufzeichnen. Bügelvlies laut Herstellerangaben auf die linke Seite des Stoffquadrats bügeln, abkühlen lassen und das Herz ausschneiden, siehe auch Seite 83.

Nähen:

Für den Aufhänger die Längsseiten des Rechtecks 1 cm breit nach links umbügeln und den Streifen anschließend noch einmal zur Hälfte bügeln, so dass die Bruchkanten übereinanderliegen. Den Aufhänger an beiden Seiten schmal absteppen, zur Schlaufe legen und mittig an die Oberkante (= Schmalseite) des Waffelpikees auf die linke Stoffseite nähen, so dass die offenen Kanten des Aufhängers nebeneinander an der Stoffkante liegen.

Die Längsseiten des Waffelpikees 2-mal 1 cm breit nach links umbügeln und schmal absteppen.

Die Streifen aus Tupfenstoff jeweils an einer Längsseite 1 cm breit nach links umbügeln.

Blendenstreifen rechts auf links auf die Schmalseiten des Waffelpikees stecken, so dass die Schnittkanten des Pikees und des Tupfenstoffs aufeinanderliegen und der Tupfenstoff an den Seiten jeweils 1 cm übersteht, die umgebügelten Kanten des Tupfenstoffs zeigen zur Handtuchmitte. Blendenstreifen an der Ober- und Unterkante des Handtuchs jeweils mit 1 cm Nahtbreite aufnähen. Streifen zur rechten Handtuchseite bügeln, die seitlichen Überstände nach links umbügeln, so dass die Bruchkanten an den Saumkanten des Pikees liegen. Die Streifen feststecken und rundherum schmal absteppen. Vom Herz das Schutzpapier abziehen, es mit 7 cm Abstand zum unteren Tupfenstreifen mittig auf den Pikee bügeln und mit schmalem Zickzack-Stich rundum aufnähen, siehe Seite 83.

Einen wunderschönen guten Morgen

Lieblingsstücke für das Schlafzimmer

Schließen Sie die Augen und lassen Sie sich fallen in weiche, blütenzauberduftende Bettwäsche! Manche Schlafzimmer laden einfach nur zum Schlafen ein – dieses hier zum Träumen! Auch wenn die Stücke etwas größer ausfallen, sind sie mit den Anleitungen ganz leicht nachzumachen!

Nie mehr kalte Füße

Wärmflaschenbezug • **Größe:** ca. 24 x 37 cm • **Vorlagen:** Seite 90–91 • **Schwierigkeitsgrad:** *

Wenn Füße Augen hätten, würden sie nie wieder eine andere Wärmflasche wollen! Warum nicht gleich für jeden in der Familie einen Wärmflaschenbezug nähen?

Material:

- Baumwollstoff in Rot mit kleinen, weißen Punkten, 95 x 30 cm
- Fleecestoff in Weiß, 95 x 30 cm

Zuschnitt:

Vorlagen 1–3 auf Papier übertragen, dabei Teile 1A und 1B für Vorlage 1 aneinandersetzen und das Papier für Teil 2 zur Hälfte falten und mit dem Falz an der Strichpunktlinie anlegen, so dass jeweils Papierschnitte für das vollständige Schnittteil entstehen.

Teile jeweils 1x auf Baumwoll- und Fleecestoff aufzeichnen und ausschneiden.

Nähen:

Teile 2 und 3 aus Fleece- und Baumwollstoff jeweils rechts auf rechts aufeinanderstecken und laut Vorlage die Kanten für die Öffnung verstürzen, dazu die Teile an der Kante aufeinandernähen, Nahtzugaben an den Rundungen einschneiden (siehe Seite 80), Teile wenden, bügeln und die verstürzten Kanten füßchenbreit absteppen. Baumwoll- und Fleecestoff für die Vorderseite links auf links aufeinanderstecken. Zuerst Teil 2, dann Teil 3 rechts auf rechts mit den Baumwollstoffseiten auf die Baumwollstoffseite von Teil 1 legen, feststecken und rundum mit 1 cm breiter Naht zusammennähen. Nahtzugaben an den Rundungen und den Ecken (siehe Vorlage) einschneiden, versäubern und den Bezug wenden.

Für Wäsche fast zu schade

Wäschebeutel ♥ **Größe:** 69 x 84 cm ♥ **Schwierigkeitsgrad:** *

Dezent und praktisch bewahrt dieser Wäschesack viele Dinge auf, die im Schlafzimmer nicht herumliegen sollen. Es gibt viele Einsatzmöglichkeiten. Welche fällt Ihnen noch ein?

Material:

- Baumwollstoff in Weiß mit rosaroten Blümchen, 145 cm breit, 105 cm
- Baumwollfutterstoff in Rosa, 145 cm breit, 85 cm
- Kordel in Weiß, ca. 0,5 cm Ø, 165 cm

Zuschnitt:

- Blümchenstoff: 140 x 95 cm
- Futterstoff: 140 x 77 cm

Nähen:

Den Blümchenstoff an der Oberkante (= Längsseite) 10 cm breit nach links umbügeln, wieder auseinanderfalten. Blümchen- und Futterstoff an der Oberkante rechts auf rechts aufeinanderstecken und mit 1 cm breiter Naht zusammennähen. Nahtzugaben zum Futter bügeln. Blümchenstoff am zuvor eingebügelten Bruch rechts auf rechts umschlagen und an den Seitenkanten Futter und Blümchenstoff aufeinanderstecken. Für den Schlitz die Seiten ab der oberen Bruchkante 7 cm weit zusammennähen, dann für den Kordeldurchzug 2 cm offenlassen und anschließend noch einmal 12 cm zunähen. Ab dem Nahtende (= Schlitzende) jeweils die Blümchenstoff- und Futterkanten rechts auf rechts aufeinanderlegen und Futter und Blümchenstoff getrennt an den Seiten- und Unterkanten zusammennähen, dabei im Futter an der Unterkante eine 10 cm breite Wendeöffnung lassen.

Beutel wenden und bügeln. Die obere Ansatzkante des Futters schmal absteppen (= untere Naht des Kordeldurchzugs). Parallel zu dieser Steppnaht, 2 cm nach oben versetzt, die obere Naht des Kordeldurchzugs nähen. Den Schlitz ober- und unterhalb des Durchzugs 1 cm breit absteppen, dabei am Schlitzende schräg bis zur Seitennaht steppen. Mithilfe einer Sicherheitsnadel die Kordel einziehen (siehe Seite 82). Die Enden verknoten und den Knoten in den Durchzug ziehen.

Die Kanten der Wendeöffnung 1 cm breit nach links einschlagen und schmal aufeinandersteppen.

Einfach liegen bleiben!

Bettwäsche ♥ **Größe Kissen:** 80 x 80 cm **Größe Bettbezug:** 135 x 200 cm ♥ **Schwierigkeitsgrad:** ✻✻

Schläfst Du noch oder träumst Du schon? Der Aufwand beim Nähen wird durch traumhafte Nächte und noch süßere Mittagsschläfchen belohnt... Wohlfühlen pur!

Material:

- Baumwollstoff mit kleinen, roten Punkten, mind. 120 cm breit, 210 cm
- Baumwollstoff mit kleinen, rosa Punkten, 140 cm breit, 305 cm
- Baumwollstoff mit Blümchenmuster in Weiß / Rot, mind. 110 cm breit, 210 cm
- Spitze, ca. 3,5–4 cm breit, 580 cm
- je 1 Reißverschluss für Bettwäsche, 76 und 135 cm lang

Zuschnitt:

Für die Vorderseiten:

- Stoff mit roten Punkten:
  2 Kissenseitenteile à 26 x 83 cm,
  2 Bettbezugsseitenteile à 38 x 203 cm
- Blümchenstoff: Kissenmittelteil à 34 x 83 cm,
  Bettbezugmittelteil à 65 x 203 cm
- Spitze: für das Kissen 2 Stücke à 83 cm,
  für den Bettbezug 2 Stücke à 203 cm

Für die Rückseiten:

- Stoff mit rosa Punkten: 1 Kissenrückseite à 82 x 84 cm
  1 Bettbezugrückseite à 137 x 204 cm

Nähen:

Siehe Seite 50.

Falls Sie nur das Kissen nähen möchten, brauchen sie folgendes Material

- Baumwollstoff mit kleinen, roten Punkten, mind. 90 cm breit, 60 cm
- Baumwollstoff mit kleinen, rosa Punkten, mind. 90 cm breit, 90 cm
- Baumwollstoff mit Blümchenmuster in Weiß / Rot, mind. 90 cm breit, 40 cm
- 1 Reißverschluss für Bettwäsche, 76 cm lang
- Spitze, ca. 3,5–4 cm breit, 175 cm

Tipp:

Natürlich können Sie den Bettbezug auch in Ihrer Wunschgröße nähen. Ändern Sie dazu einfach die Breite der Streifen und gegebenfalls die Länge. Wenn Ihr Bettbezug z.B. 155 cm breit sein soll, könnten Sie den Mittelstreifen 10 und die Seitenstreifen jeweils 5 cm breiter als angegeben zuschneiden.

Falls Sie für die Rückseite keinen extrabreiten Baumwollstoff finden, können Sie die Rückseite ebenfalls aus mehreren Streifen zusammensetzen und so wie die Vorderseite nähen.

Augen zu und träumen...

Bettwäsche ♥ **Größe Kissen:** 80 x 80 cm **Größe Bettbezug:** 135 x 200 cm ♥ **Schwierigkeitsgrad:** ✻✻

Augen schließen, den Kopf in dieses romantische, duftende Kissen einsinken lassen und in Traumwelten abheben... Was gibt es Schöneres nach einem langen Tag?

Nähen:

Auf jedes Seitenteil von Bettbezug und Kissen an einer Längsseite ein Stück Spitze links auf rechts auflegen, feststecken und füßchenbreit festnähen, dabei liegt die gerade Kante der Spitze an der Stoffkante, siehe auch Seite 81.

Die Seitenteile mit der Spitzenkante rechts auf rechts auf die Längsseiten der Mittelteile stecken und mit 1 cm breiter Naht zusammennähen. Die Nahtzugaben versäubern und zur Kissen- bzw. Bettbezugmitte bügeln.

Die unteren Schmalseiten der Vorder- und Rückseiten versäubern. Die Vorderseiten an dieser Kante 2-mal 1 cm breit nach links umbügeln. Die 2. Falte wieder auseinanderfalten und den Reißverschluss jeweils mittig unter die 1. Bruchkante heften, so dass die Zähnchen neben der Bruchkante herausschauen. Die Bruchkante mit dem Reißverschlussfuß schmal absteppen, dabei wird das Reißverschlussband mitgefasst. Um am Zipper vorbeizunähen, die Nadel im Stoff lassen, den Nähfuß anheben und den Zipper an der Nadel vorbeiziehen.

Den Reißverschluss wieder schließen.

Die Rückseiten an den versäuberten Schmalseiten jeweils 3 cm breit nach links umbügeln und links auf rechts auf das 2. Reißverschlussband heften, so dass die Bruchkanten an die eingebügelten und wieder auseinandergefalteten Bruchkanten der Vorderteile stoßen, der Reißverschluss wird durch den 3 cm breiten Umschlag abgedeckt. Am Bettbezug das 2. Reißverschlussband mit 2 cm Abstand zur Bruchkante feststeppen. Um am Zipper vorbeizunähen, Reißverschluss wie oben beschrieben öffnen.

Am Kissenbezug die Bruchkante über 2,5 cm schmal absteppen, Nadel im Stoff lassen, Nähfuß anheben und den Stoff um 90° drehen, 2 cm quer zur Naht steppen, Stoff wieder um 90° zurückdrehen und das 2. Reißverschlussband mit 2 cm Abstand zur Bruchkante feststeppen. Um am Zipper vorbeizunähen, Reißverschluss wie oben beschrieben öffnen. Kurz hinter dem Reißverschlussende den Stoff wieder um 90° drehen, 2 cm quer zur Naht steppen, Stoff wieder um 90° zurückdrehen und die Bruchkante bis zum Ende schmal absteppen.

Reißverschluss öffnen. Vorder- und Rückseiten rechts auf rechts aufeinanderstecken, so dass die Bruchkanten der Rückseiten jeweils die untere Kante bilden. Seitenkanten und obere Kanten mit 1 cm breiter Naht zusammennähen und versäubern.

Kissen und Bettbezug wenden und bügeln.

Ein absoluter Hingucker

Traversin • **Größe:** 187 x 37 cm • **Schwierigkeitsgrad:** *

Ein wenig altmodisch kommt uns die Rolle ja vor. Aber macht sie das nicht genau zu dem, was sie ist? Einem unwiderstehlichen Klassiker, der vielseitig einsetzbar ist!

Material:

- Baumwollstoff in Rosa mit kleinen, weißen Punkten, 85 x 230 cm
- 1 Satinrose in Rot, Ø ca. 2 cm
- Kissen, 35 x 160 cm

Zuschnitt:

- für den Bezug: 1 Rechteck à 76 x 213 cm
- für die Bänder: 2 Streifen à 3 x 100 cm

Nähen:

Die Streifen rechts auf rechts zur Häfte bügeln, so dass die Längsseiten aufeinanderliegen, wieder auffalten und die Längsseiten bis an den Bruch nach innen falten und umbügeln, so dass die Kanten doppelt eingeschlagen sind. Kanten schmal absteppen. Längsseiten des Rechtecks versäubern, rechts auf rechts aufeinanderstecken und mit 1 cm breiter Naht zusammennähen, dabei für den Banddurchzug nach 23 cm eine 2 cm große Nahtöffnung lassen, dann weiternähen bis 25 cm vor Seitenende, wieder eine 2 cm große Nahtöffnung lassen, dann den Rest der Naht schließen. Nahtzugaben auseinanderbügeln. Die Seiten des Schlauchs jeweils 1 und 12 cm breit nach links umbügeln und schmal absteppen (= untere Nähte der Banddurchzüge). Parallel zu diesen Steppnähten, jeweils 2 cm zum Rand versetzt, die oberen Nähte der Banddurchzüge nähen. Bänder mithilfe einer Sicherheitsnadel durch die Öffnungen in der Seitennaht einziehen (siehe Seite 82), Kissen in den Schlauch schieben, die Satinrose oben, dicht neben dem Durchzug aufnähen und die Bänder auf der Oberseite zu Schleifen binden.

Zu Hause ankommen

Lieblingsstücke für die Diele

In der Diele muss alles parat sein. Trotzdem kann es aussehen wie in einem Schatzkästchen! Mit den verschiedenen textilen Behältern beispielsweise schmücken Sie und ordnen zugleich. Und Sie können sich nach Herzenslust an der Nähmaschine austoben!

Wiederfinden leicht gemacht

Schlüsselanhänger • Größe: 3,5 x 16 cm • Schwierigkeitsgrad: *

Ein kleines Stück Stoff von tante ema und wenig Zeit? Schnell einen Schlüsselanhänger draus genäht! Auch wunderhübsch als liebes Geschenk. oder zur Wohnungseinweihung!

Material:

- Baumwollstoff in Rot mit kleinen, weißen Punkten, 40 x 10 cm
- Baumwollspitze in Weiß, ca. 1,5 cm breit, 75 cm
- Satinrose, Ø ca. 1,5 cm
- Schlüsselring, Ø 3 cm

Zuschnitt:

- Baumwollstoff, 2x 36 x 3 cm
- Baumwollspitze, 2 x 36 cm

Nähen:

Die Spitzenstücke rechts auf rechts an die Längseiten eines Stoffstreifens legen, so dass die Bogenkante der Spitze nach innen zeigt, siehe seite 81. Spitze füßchenbreit aufnähen. Beide Stoffstreifen rechts auf rechts aufeinanderstecken und die Längsseiten und eine Schmalseite füßchenbreit zusammennähen. Das Band mithilfe eines Kochlöffels oder Holzstabs wenden, die Öffnung mit Zickzack-Stichen versäubern. Den Schlüsselring auf das Band schieben, die verstürzte Schmalseite des Bandes 3 cm breit nach links umbügeln, die versäuberte Schmalseite bis in den Bruch schieben und den Umschlag schmal absteppen. Den Ring zur anderen Seite des Bandes schieben, kurz unterhalb des Rings das Band an den Seiten von Hand zusammennähen und die Rose mittig unter den Ring nähen.

Eines für alles, auch für Dich

Etui • Größe: 18 x 5 x 4 cm • Schwierigkeitsgrad: **

Dieses klassische Mäppchen bewahrt alles auf, was zum Schreiben so gebraucht wird. Wo es als praktisches Helferlein eingesetzt wird, macht es optisch richtig was her!

Material:

- Baumwollstoff mit Blümchenmuster in Hellgrün, 20 x 30 cm
- Baumwollfutterstoff in Weiß, 20 x 30 cm
- Reissverschluss in Rot, 22 cm lang
- Ripsband in Rot mit weißen Punkten, 1 cm breit, 10 cm

Zuschnitt:

- Baumwollstoff und Futterstoff: je 1 Rechteck à 18 x 24 cm

Nähen:

Futter mit der rechten Seite nach oben hinlegen, den Reißverschluss mit der rechten Seite nach oben an eine Längsseite legen, so dass das Reißverschlussband mit der Stoffkante abschließt. Zum Schluss den Blümchenstoff mit der linken Seite nach oben über Futter und Reißverschluss legen (die Stoffrechtecke liegen deckungsgleich übereinander).

Alles an der Längsseite zusammenstecken und füßchenbreit absteppen. Die andere Längsseite von Futter und Blümchenstoff entsprechend an das andere Reißverschlussband nähen, der Blümchenstoff liegt dann im Bogen über dem Reißverschluss, das Futter darunter. Den Reißverschluss öffnen, das Etui wenden und den Reißverschluss zu beiden Seiten schmal absteppen. Das Ripsband zur Schlaufe legen und über dem Reißverschlussende festnähen, so dass die Bandenden auf dem Ende der Reißverschlussbänder liegen.

Das Etui wieder wenden, die offenen Kanten so rechts auf rechts aufeinanderlegen, dass der Reißverschluss jeweils in der Mitte liegt und mit 1 cm Nahtbreite nähen, Nahtzugaben in eine Richtung bügeln, so dass der Reißverschluss nicht umgebügelt wird und die Nahtzugaben versäubern.

Die Ecken an den Nahtenden flach drücken, so dass sich ein Dreieck bildet, bei dem die Naht durch die Mitte zur Spitze läuft (siehe Seite 81, allerdings zeigen am Etui die Nahtzugaben in eine Richtung).

Die Spitzen dieser Dreiecke jeweils 2 cm breit quer zur bestehenden Naht abnähen, bis auf eine Nahtzugabe von 1 cm abschneiden und versäubern. Das Etui erneut wenden.

handgemachtes von
tante ema®

Luxus für die schönsten Schuhe

Schuhbeutel ♥ Größe: 29 x 35 cm ♥ Schwierigkeitsgrad: *

Edle Schuhe wollen sorgsam aufbewahrt werden. Und im Schuhschrank vermischen sich nie wieder die Paare... So gut geschützt, sehen sie viel länger wie neu aus.

Material:

- Baumwollstoff in Hellgrün mit weißen Tupfen, 85 x 40 cm

Zuschnitt:

- für den Beutel 1 Rechteck à 31 x 78 cm,
- für das Schürband 1 Streifen à 80 x 3 cm

Nähen:

Den Streifen für das Band längs zur Hälfte bügeln, so dass die Längsseiten aufeinanderliegen, aufklappen und die Längsseiten an den Bruch legen und umbügeln, so dass die Kanten doppelt eingeschlagen sind. Kanten schmal absteppen. Das Rechteck rechts auf rechts zur Hälfte falten, sodass die Schmalseiten (= Oberkante) aufeinanderliegen. Die Seitenkanten mit 1 cm breiter Naht zusammennähen, die Nahtzugaben versäubern. Die Oberkante 1 cm breit nach links umbügeln. Für den Banddurchzug zu beiden Seiten einer Seitennaht den Umschlag über eine Länge von 6 cm mit Zickzack-Stichen schmal absteppen, so dass die Schnittkante versäubert wird. Die Oberkante noch einmal 3 cm breit nach links umbügeln und die Saumkante schmal absteppen, dabei den Saum unterhalb der Zickzack-Naht über 4 cm nicht festnähen, so dass eine Öffnung bleibt. Durch diese Öffnung das Band mithilfe einer Sicherheitsnadel einziehen, die Bandenden verknoten.

Nimm mich mit!

Shopper • Größe: 36 x 41 cm • Schwierigkeitsgrad: *

Ein Griff und die Tasche ist dabei. Aber nicht irgendeine! Auch Einkaufen darf schön sein! Der Karabinerhaken passt derweil auf die Schlüssel auf und geht nicht verloren.

Material:

- Baumwollstoff in Weiß mit roten Blümchen, 90 x 55 cm
- Baumwollfutterstoff in Weiß, 90 x 45 cm
- 4 Satinröschen in Rot, Ø ca. 2 cm
- 1 Karabinerhaken, ca. 4 cm lang
- ca. 4 mm dickes, aufbügelbares Volumenvlies, 45 x 10 cm

Zuschnitt:

- Baumwollstoff mit Blümchen:
  für die Tasche 1 Rechteck à 84 x 38 cm,
  2 Henkel à 42 x 10 cm,
  1 Band für den Karabinerhaken à 31 x 3 cm
- Futterstoff: 1 Rechteck à 84 x 38 cm
- Volumenvlies: für die Henkel 2 Streifen à 42 x 4 cm

Nähen:

Die Volumenvlies-Streifen mittig auf die linken Seiten der Streifen für die Henkel bügeln. Die Streifen rechts auf rechts zur Hälfte falten, so dass die Längsseiten aufeinanderliegen und mit 1 cm breiter Naht die Längsseiten und eine Schmalseite zusammennähen. Nahtzugaben auseinanderbügeln. Mithilfe eines Kochlöffels oder Holzstabs die Henkel wenden, die zugenähte Schmalseite kurz hinter der Naht abschneiden und die Henkel so bügeln, dass die Naht in der hinteren Mitte liegt. Jeweils einen Henkel an eine Schmalseite des Blümchenstoffs nähen, dazu die Henkelenden mit jeweils 10,5 cm Abstand zu den Längsseiten rechts auf rechts an die Schmalseiten nähen. (Henkelenden liegen an der Schnittkante des Stoffs, Rückseite der Henkel mit Nähten in der Mitte zeigen nach oben.) Den Streifen für das Karabinerband längs rechts auf rechts zur Hälfte bügeln, aufklappen und die Längsseiten an den Bruch legen und umbügeln, so dass die Kanten doppelt eingeschlagen sind. Kanten schmal absteppen, Karabinerhaken auf ein Ende schieben, das Bandende um den Karabiner zur Schlaufe legen, einschlagen und festnähen. Offenes Bandende mit 14 cm Abstand zur Schmalseite rechts auf eine Längsseite des Futterrechtecks nähen. Futter- und Blümchenstoffrechteck jeweils rechts auf rechts zur Hälfte falten, so dass die Schmalseiten (= Oberkante der Tasche) aufeinanderliegen. Seitenkanten mit 1 cm Nahtbreite steppen, im Futter unterhalb des Bandes eine ca. 6 cm große Wendeöffnung lassen. Nahtzugaben auseinanderbügeln. Außen- und Futtertasche rechts auf rechts ineinanderschieben, die Oberkanten aufeinanderstecken und mit 1 cm breiter Naht nähen. Tasche wenden und bügeln. Die Oberkante der Tasche auf dem Blümchenstoff füßchenbreit absteppen. Die Wendeöffnung von Hand schließen, die Tasche bügeln und an den Henkelansätzen die Rosen von Hand annähen.

Herzige Akzente

Herzanhänger • **Größe:** 14 x 14 cm • **Vorlagen:** Seite 88 • **Schwierigkeitsgrad:** ✻✻

Dieses hübsche doppelte Herz verschönert natürlich nicht nur die Diele. Aber gerade hier heißt es die Gäste aufs Herzlichste willkommen und zaubert ihnen gleich ein Lächeln ins Gesicht!

Material:

- Baumwollstoff mit Blümchenmuster in Grün, 20 x 40 cm
- Baumwollstoff in Rot mit kleinen, weißen Punkten, 8 x 8 cm
- doppelseitig klebendes Bügelvlies, 8 x 8 cm
- Satinband in Weiß, ca. 6 mm breit, 30 cm
- Füllwatte, ca. 16 g

Zuschnitt:

Vorlage für das große Herz auf Papier übertragen. Aus dem Blümchenstoff 2 große Herzen zuschneiden. Bügelvlies mit dem Schutzpapier nach oben über die Vorlage für das kleine Herz legen und das Herz mit Bleistift auf das Schutzpapier aufzeichnen. Bügelvlies laut Herstellerangaben auf die linke Seite des roten Quadrats bügeln, abkühlen lassen und das Herz ausschneiden.

Nähen:

Vom roten Herz das Schutzpapier abziehen und das Herz mittig auf die rechte Stoffseite von einem großen Herz aufbügeln. Die Applikation rundum mit Zickzack-Stichen festnähen, siehe auch Seite 83.

Das Satinband zur Schlaufe legen und an einem großen Herz an der oberen Kante auf der rechten Seite in der Herzmitte feststecken, so dass die offenen Kanten ungefähr an der Schnittkante des Stoffs liegen und die Schlaufe zur unteren Herzspitze zeigt. Beide großen Herzen rechts auf rechts aufeinanderstecken und mit kleinem Stich füßchenbreit zusammennähen, dabei an einer geraden Seite eine etwa 2 - 3 cm große Wendeöffnung lassen. Die Nahtzugaben an der Spitze und den Rundungen einschneiden (siehe Seite 80). Das Satinband an der Spitze ebenfalls bis kurz vor die Naht einschneiden. Das Herz wenden, bügeln und mit Füllwatte befüllen. Die Wendeöffnung von Hand schließen (siehe Seite 83).

Für die kleinen Süßen

Lieblingsstücke für das Kinderzimmer

Leuchtende Kinderaugen sind das Schönste, was es gibt. Und wenn Sie Ihre Lieben mit einem Kronen- oder Erdbeerkissen überraschen, werden die Augen der Kleinen garantiert strahlen. Außerdem kann es im Kinderzimmer gar nicht genug süße Sachen geben. Also gleich fröhlich losgenäht – und aufgepasst, dass die Mama die Sachen nicht für sich behält!

Das Suchen hat ein Ende!

Spielzeugbeutel ♥ **Größe:** 30 x 38 cm ♥ **Vorlage:** Seite 91 ♥ **Schwierigkeitsgrad:** ✻✻

In diesen Säckchen gibt es endlich Platz für die vielen, vielen Kleinigkeiten, die Kindern heilig sind. Nie wieder suchen, sondern immer nur finden!

Material:

- Baumwollstoff in Weiß mit blauen Punkten, 85 x 35 cm
- Baumwollstoff in Hellblau mit weißen Punkten, 45 x 10 cm
- doppelseitig klebendes Bügelvlies, 7 x 7 cm
- Kordel in Hellblau, Ø ca. 0,5 cm, 170 cm
- 1 Satinröschen in Hellblau, Ø ca. 1,5 cm

Zuschnitt:

- Weißer Stoff: 1 Rechteck à 80 x 32 cm
- Hellblauer Stoff: 2 Streifen à 33,5 x 4 cm, 1 Quadrat à 7 x 7 cm

Bügelvlies mit dem Schutzpapier nach oben über die Herz-Vorlage legen und das Herz mit Bleistift auf das Schutzpapier aufzeichnen.

Bügelvlies laut Herstellerangaben auf die linke Seite des Stoffquadrats bügeln, abkühlen lassen und das Herz ausschneiden.

Nähen:

Das Herz mittig im Abstand von 27 cm zur oberen Kante (Schmalseite) auf die rechte Stoffseite des Rechtecks bügeln und mit dichtem Zickzack-Stich aufnähen, siehe Seite 83. Die Längsseiten der Streifen jeweils 1 cm breit, die Schmalseiten 2-mal 1 cm breit nach links umbügeln. Für den Kordeldurchzug die Streifen mit einem Abstand von 8 cm parallel zu den Schmalseiten aufstecken und an beiden Längsseiten schmal absteppen, zu den Seiten bleiben neben den Streifen jeweils 1,25 cm frei. Rechteck rechts auf rechts zur Hälfte falten, so dass die Schmalseiten (= Oberkante) aufeinanderliegen und die Seitenkanten mit 1 cm Nahtbreite nähen und anschließend versäubern. Die Oberkante 2-mal 1 cm breit nach links umbügeln und schmal absteppen. Den Beutel wenden und bügeln. Die Kordel teilen und die Stücke von beiden Seiten entgegengesetzt mithilfe einer Sicherheitsnadel unter den aufgenähten Streifen durchziehen, die Enden verknoten. Die Satinrose laut Modellbild annähen.

So schmeckt's gleich noch besser!

Lätzchen • **Größe:** ca. 28 x 32 cm • **Vorlage:** Seite 92–93 • **Schwierigkeitsgrad:** **

Wer kann nicht ein Lied davon singen, wie schwierig es ist, mit Gabel und Löffel essen zu lernen. Also am besten gleich ein paar Lätzchen mehr nähen!

Material:

- Baumwollstoff in Rot mit weißen Tupfen, 40 x 35 cm
- Baumwollfutterstoff in Weiß, 40 x 35 cm
- vorgefalztes Schrägband in Weiß, gefalzt ca. 20 mm breit, 65 cm

Zuschnitt:

Vorlage auf Papier übertragen, je 1x im Bruch auf Tupfen- und Futterstoff aufzeichnen und ausschneiden.

Nähen:

Tupfen- und Futterstoff rechts auf rechts aufeinanderstecken und an der Außenkante füßchenbreit zusammennähen, den Halsausschnitt offen lassen. Die Nahtzugaben an den Rundungen einschneiden (siehe auch Seite 80), Lätzchen wenden, bügeln und ander Oberseite (= Tupfenstoff) füßchenbreit absteppen. Die Längskanten des Schrägbands links auf links aufeinanderlegen und den Bruch einbügeln. Band der Länge nach zur Hälfte falten, Mitte mit einer Stecknadel markieren. Schrägband um den Halsausschnitt stecken, dazu das Lätzchen bis zum Bruch in das Schrägband schieben und festheften oder -stecken, siehe Seite 81. Die markierte Mitte des Schrägbands trifft dabei auf die Mitte des Halsausschnitts. Das Schrägband über die gesamte Länge schmal absteppen.

Tipp:

Wer möchte kann nach dem Verstürzen der beiden Teile eine Spitze rechts auf rechts unter das Futter heften, so dass die Spitzenkante unter dem Lätzchen hinausragt. Das Lätzchen von oben, am Tupfenstoff, schmal und füßchenbreit absteppen, so dass die Spitze mitgefasst wird, dann das Schrägband annähen.

Süße Tasche für 100 Kleinigkeiten

Herztasche • **Größe:** ca. 19 x 14 cm • **Vorlage:** Seite 92–93 • **Schwierigkeitsgrad:** ✱✱

Wenn kleine Damen und Herren spazieren gehen, gibt es 100 Dinge mitzunehmen – oder unterwegs zu finden. Besondere Geheimnisse und Süßigkeiten finden auch ihren Platz.

Material:

- Baumwollstoff in Rosa mit kleinen, weißen Punkten, 50 x 45 cm
- Baumwollfutterstoff in Weiß, 50 x 35 cm
- ca. 4 mm dickes, aufbügelbares Volumenvlies, 90 cm breit, 25 cm

Zuschnitt:

Die Vorlagen (Mittel- und Seitenteil) auf Papier übertragen.

- Pünktchenstoff und Futterstoff: je 2 Mittelteile, je 1 Seitenteil im Stoffbruch
- Pünktchenstoff: 2 Griffe à 33 x 6 cm
- Volumenvlies: 2 Mittelteile ohne Nahtzugabe (also rundum 1 cm kleiner), 1 Seitenteil im Stoffbruch ohne Nahtzugabe, 2 Streifen für die Griffe à 33 x 2,5 cm

Nähen:

Die Vliesteile mittig auf die linken Seiten der Teile aus Pünktchenstoff bügeln. Dann die Außentasche aus Pünktchenstoff nähen, dazu das Seitenteil rechts auf rechts auf das 1. Mittelteil stecken, so dass die Nahtzahlen 1 und 2 jeweils aufeinandertreffen. Die Naht zwischen den Nahtzahlen schließen, hinter Nahtzahl 2 nicht bis zur Schnittkante weiternähen. Nahtanfang und Ende verriegeln. Die Nahtzugabe des Seitenteils bis kurz vor das Nahtende einschneiden, dann das Seitenteil zwischen den Nahtzahlen 2 und 3 sowie 3 und 4 auf das Mittelteil stecken und wie beschrieben nähen. Das 2. Mittelteil entsprechend an die andere Längsseite des Seitenteils nähen. Die Futtertasche genauso nähen, jedoch an der Naht zwischen den Nahtzahlen 2 und 3 eine etwa 5 cm große Wendeöffnung lassen. Die Griffe rechts auf rechts zur Hälfte falten und an der Längsseite und einer Schmalseite 0,5 cm breit steppen. Nahtzugaben auseinanderbügeln, Griffe mithilfe eines Kochlöffels oder Holzstabs wenden und die Naht an der Schmalseite abschneiden. Griffe so bügeln, dass die Nähte in der hinteren Mitte liegen. Griffe entsprechend den Markierungen der Vorlage rechts auf rechts auf die Außentasche nähen (Griffenden liegen in etwa an der Oberkante der Tasche, Rückseite der Griffe mit Nähten in der Mitte zeigen nach oben). Außen- und Futtertasche rechts auf rechts ineinanderschieben, die Oberkanten aufeinanderstecken und mit 1 cm breiter Naht nähen.

Nahtzugaben an den Rundungen einschneiden, siehe Seite 80, Tasche wenden und bügeln. Die Oberkante der Tasche auf dem Pünktchenstoff füßchenbreit absteppen. Die Wendeöffnung von Hand schließen und die Tasche bügeln.

Tipp:

Als extra Hingucker können Sie einen Herzanhänger oder ein Satinröschen an die Tasche nähen.

Doudou
et
Compagnie

Zur Krönung ein Geschenk

Kronenkissen • **Größe:** ca. 30 x 39 cm • **Vorlage:** Seite 92–93 • **Schwierigkeitsgrad:** **

Der weiche Fleecestoff beruhigt empfindliche Seelchen und lädt kleine Könige und Königinnen zum Kuscheln, Träumen und Spielen ein. Jetzt fehlt nur noch das passende Schloss.

Material:

- Fleece in Hellblau mit Tupfen, 100 x 50 cm
- 3 Pompons in Weiß, Ø ca. 2 cm
- Füllwatte, ca. 180 gr.

Zuschnitt:

- Vorderseite oben, 45 x 27 cm
- Vorderseite unten, 33 x 15 cm
- Rückseite, 45 x 41 cm

Die Schablone mit eingezeichneter Nahtlinie auf Papier übertragen und ausschneiden.

Nähen:

Unteres Teil der Vorderseite mit der oberen Längsseite mittig rechts auf rechts auf die untere Längsseite des oberen Teils stecken und 1 cm breit steppen. Nahtzugaben nach oben bügeln und füßchenbreit absteppen. Vorder- und Rückseite rechts auf rechts aufeinanderstecken. Schablone auf die Vorderseite legen, so dass die Nahtlinien aufeinander liegen, und die halbe Krone aufzeichnen. Schablone umdrehen, entlang der Bruchkante neu anlegen und die 2. Hälfte aufzeichnen. Entlang der aufgezeichnenten Linie mit kleinem Stich steppen, dabei an der Unterseite eine ca. 5 cm große Wendeöffnung lassen und die Ecken und Spitzen doppelt nähen. Die Krone mit einem Abstand von 5 mm zur Naht ausschneiden und die Nahtzugaben an den Spitzen und den Rundungen einschneiden (siehe Seite 80). Die Krone wenden, bügeln und mit Füllwatte befüllen. Die Wendeöffnung von Hand schließen (siehe Seite 83). Die Pompons von Hand an die Spitzen der Krone nähen.

handgemachtes von
tante ema

Erdbeersaison zu jeder Jahreszeit

Erdbeerkissen ♥ Größe: 40 x 40 cm ♥ Vorlage: Seite 92 ♥ Schwierigkeitsgrad: ✻✻

Alle Kinder lieben Erdbeeren. Alle Kinder lieben auch Kissenschlachten. Was liegt also näher, als beides auf gekonnte Weise zu vereinen? Schöner Nebeneffekt: alle Hände bleiben sauber!

Material:

- Baumwollstoff in Weiß mit großen, roten Tupfen, 50 x 90 cm
- Baumwollstoff in Rot mit weißen Tupfen, 20 x 20 cm
- Baumwollstoff in Grün mit Tupfen, 15 x 15 cm
- doppelseitig klebendes Bügelvlies, 20 x 35 cm
- Reissverschluss in Weiss, 35 cm
- Kisseninlett, 40 x 40 cm

Zuschnitt:

- Baumwollstoff mit großen Tupfen: 42 x 84 cm

Bügelvlies mit dem Schutzpapier nach oben über die Erdbeer-Vorlage legen und die Erdbeere mit Bleistift auf das Schutzpapier aufzeichnen, dann das Blatt mit mindestens 1 cm Abstand aufzeichnen und beides grob ausschneiden. Bügelvlies-Erdbeere auf die linke Seite des roten, das Bügelvlies-Blatt laut Herstellerangaben auf die linke Seite des grünen Stoffs bügeln, abkühlen lassen und die Teile ausschneiden.

Nähen:

Zuerst die Erdbeere auf das Kissen bügeln, dazu das Schutzpapier abziehen und die Erdbeere auf die Rechte Stoffseite mit gleichem Abstand zu den Längsseiten und 50 cm Abstand zur oberen Kante aufbügeln. Die Erdbeere rundum mit dichten Zickzack-Stichen aufnähen (siehe auch Seite 83), dann das Blatt laut Modellbild über der Erdbeere aufbügeln und ebenfalls mit Zickzack-Stichen festnähen. Dabei am Stiel an der linken Seite beginnen, den Stiel umnähen, dann um das Blatt nähen und mit der Linie am unteren Stiel enden.
Das Kissen wie auf Seite 10 für das Sofakissen beschrieben nähen.

Material und Werkzeuge

Nähmaschinen-Nadeln
Die zu verwendende Stärke hängt von Stoff- und Garnstärke ab. In den Herstellerangaben der Nähmaschinen sind entsprechende Tabellen zu finden. Generell gilt: Je höher die Nadelnummer, desto dicker die Nadel. Für feinere Stoffe wie Batist, Seide, Tüll und Taft feine Nadeln, für Baumwollstoffe mittelstarke Nadeln und für festere Stoffe wie Deko- und Möbelstoffe stärkere Nadeln verwenden. Nähmaschinennadeln sind Verschleißteile und müssen immer wieder ausgetauscht werden. Wenn der Faden oft reißt oder das Stichbild ungleichmäßig ist, kann dies an einer schadhaften Nadel liegen.

Garne
Bei der Garnwahl stets auf gute Qualität achten, um reißende Fäden, ärgerliche Knoten, Schlaufen und springende Spulen zu vermeiden. Synthetikgarne sind unverwüstlich, werden auch als „Allesnäher" bezeichnet und leisten gerade zum Einstieg gute Dienste. Daneben gibt es Baumwoll- oder feine Seidengarne. Heftgarn (auch Reihgarn genannt) besteht aus lose verzwirnter Baumwolle und kann leicht zerrissen und rasch entfernt werden.

Stecknadeln, Nähnadeln
Stecknadeln sind unverzichtbar zum Fixieren von Stofflagen aufeinander. Tipp: Stecknadeln immer quer zur Nährichtung stecken, dann kann man sie beim Nähen leichter herausziehen. Zum Heften und für Handstiche immer eine Auswahl Universalnadeln bereithalten.

Schneidelineal, Rollschneider, Schneideunterlage
Teile mit geraden Kanten und Streifen lassen sich damit sehr gut und schnell schneiden. Diese verhältnismäßig teuren Anschaffungen lohnen sich aber nur, wenn Sie häufig nähen.

Maßband und Kreide
Das Maßband ist unerlässlich beim Zuschnitt und bei der passgenauen Näharbeit. Mit Schneiderkreide und wasserlöslichen Makierstiften werden die verschiedenen Schnittteile auf den Stoff aufgezeichnet. Schneiderkreide wird mit der Zeit wieder unsichtbar, sollte aber besser auf der linken Stoffseite verwendet werden. Sie eignet sich besonders, wenn lange Schnittstrecken markiert werden sollen.

Grundmaterial

- Nähmaschine
- passendes Nähgarn, Heftgarn
- Nähnadeln, Stecknadeln
- Stoffschere
- Papier, Papierschere, Bleistift
- Lineal, Maßband, Schneiderkreide
- Bügeleisen, Bügeltuch
- Schneidunterlage

Hinweis
Um Wiederholungen zu vermeiden, sind die Grundmaterialien in den einzelnen Modell-Anleitungen nicht mehr erwähnt.

Grundbegriffe des Nähens

Stoffbruch

Bei der doppelten Stofflage entsteht eine Faltlinie, die als Stoffbruch bezeichnet wird. Auf einem Schnitt bezeichnet der Stoffbruch die Mitte eines Schnittteils und ist meist als Bruchlinie dargestellt. Dort wird der Stoff gefaltet und die entsprechende Kante des Schnitts ohne Nahtzugabe aufgelegt. An dieser Stelle entsteht keine Naht.

Fadenlauf

Jedes Gewebe besteht aus Kettfäden (längs) und Schussfäden (quer). Der Fadenlauf entspricht der Richtung der Kettfäden und verläuft parallel zur Gewebekante. Der Zuschnitt sollte immer im Fadenlauf erfolgen, damit sich der Stoff nicht verzieht. Falls der Stoff keine Strichrichtung hat, z. B. bei Baumwollstoffen in Leinwandbindung, können Sie, um Stoff zu sparen, auch entlang der Schussfäden schneiden, jedoch niemals schräg dazu.

Waschen und bügeln

Bevor Sie anfangen zu nähen, waschen Sie den Stoff, um späteres Einlaufen zu vermeiden. Den Stoff immer vor Beginn der Näharbeiten und zwischen den einzelnen Arbeitsschritten bügeln. Empfindliche Stoffe zum Bügeln mit einem sauberen Baumwolltuch bedecken.

Rechte und linke Stoffseite

Jeder Stoff hat eine rechte und eine linke Stoffseite. Die rechte Seite entspricht der Stoffaußenseite. Bei bedruckten Stoffen ist diese leicht zu erkennen, da hier das Muster deutlicher zu sehen ist. Wird ein Stoff rechts auf rechts gelegt, befindet sich die Stoffaußenseite/rechte Seite innen und die („weniger schöne“) linke Seite außen. Liegt ein Stoff links auf links, befindet sich die rechte Seite außen und die linke innen.

Nahtzugabe

Wird ein Stoff zu nah an der Kante genäht, reißen Naht und Stoff leicht auf. Deswegen in der Regel beim Zuschnitt eine Nahtzugabe von 1 cm hinzurechnen. Bei den Vorlagen zu den Modellen im Buch ist die Nahtzugabe bereits mit eingezeichnet.

Fadenspannung

Je nach Stoffart muss die Fadenspannung der Nähmaschine reguliert werden, damit keine Garnschlaufen entstehen. Am besten zunächst ein kleines Teststück anfertigen.

Bügelvlies

Einlagematerial, das Stoffen Form und Halt verleiht. Bügelvliese gibt es in verschiedenen Stärken; Sie lassen den Stoff nach dem Aufbügeln steif werden. Einseitige Bügelvliese haben eine Klebeseite (= linke Vliesseite), die meist etwas rauer ist und leicht glänzt. Diese auf der linken Stoffseite platzieren. Anschließend das Bügelvlies mit einem Bügeltuch abdecken und nach Herstellerangaben aufbügeln. Angaben zur Bügeltemperatur sind in der Regel auf das Vlies aufgedruckt.

Stoffmengen

Die Stoffmenge wird bei allen Modellen so angegeben, dass ein Einlaufen der Stoffe von 3-5 % einberechnet ist. Die Breite entspricht entweder dem handelsüblichen Angebot von 140 cm, manchmal auch 150 cm oder es ist nur das tatsächlich benötigte Maß angegeben, damit man auf einen Blick sehen kann, ob auch ein Stoffrest noch ausreicht.

Heften und Stecken

Stoffteile immer erst mit Stecknadeln fixieren oder rasch von Hand heften. So können die Stoffteile beim Nähen nicht verrutschen oder Falten werfen. Achtung: Stecknadeln quer zur Nährichtung in den Stoff stecken und beim Nähen Stück für Stück herausziehen, sonst kann die Nähnadel abbrechen.

Grundtechniken des Nähens

Nahtzugabe versäubern

Damit die Stoffkanten nicht ausfransen, sollten die Nahtzugaben versäubert werden. Hierzu eignet sich der Zickzack-Stich oder ein Overlock-Stich. Falls die beiden Nahtzugaben einer Naht getrennt versäubert werden, geschieht dies, bevor die Naht genäht wird. Falls die Nahtzugaben zusammen versäubert werden, wird zuerst die Naht geschlossen und dann werden beide Kanten mit einer Zickzack-Naht versäubert.

Verstürzte gerade Naht

‚Stoffe verstürzen' bedeutet, dass die rechten Stofflagen zunächst im Inneren des Nähguts liegen, die Schnittkanten liegen bündig aufeinander. Anschließend wird die Naht mit einem Geradstich geschlossen und das Teil dann gewendet, so dass die rechten Seiten außen liegen, die Nahtzugaben innen. Bei Ecken ist es wichtig, dass die Nahtzugaben vor dem Wenden schräg abgeschnitten werden, damit sie sich nachher besser legen.

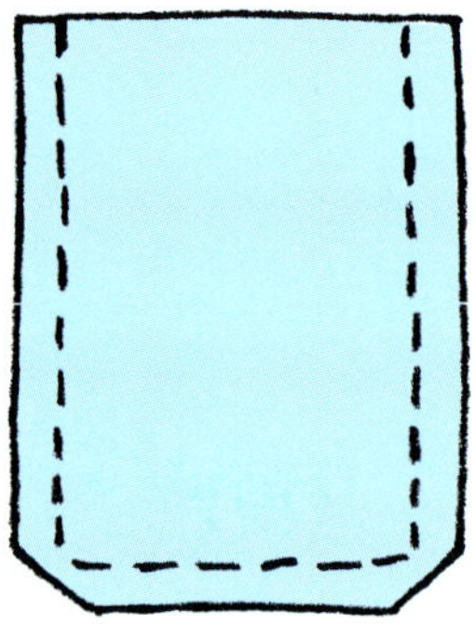

Nähte verriegeln

Jede Naht muss am Anfang und Ende vernäht werden, damit sie sich nicht wieder auflöst. Diesen Vorgang nennt man „Verriegeln": Am Nahtbeginn drei bis vier Stiche nähen, dann die Rückwärtstaste drücken und drei bis vier Stiche zurücknähen, bevor die ganze Naht erneut vorwärts genäht wird. Das Nahtende mit drei bis vier Rückwärtsstichen sichern.

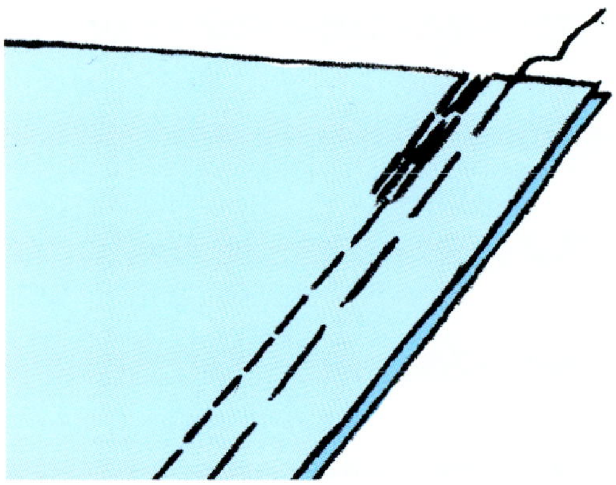

Verstürzte Naht: Rundungen

Bei Rundungen die Nahtzugaben vor dem Wenden in kleinen Abständen bis ca. 1 mm vor die Naht einschneiden. Nur wenn die Nahtzugaben eingeschnitten werden, liegt die gebogene Kante nach dem Verstürzen schön flach.

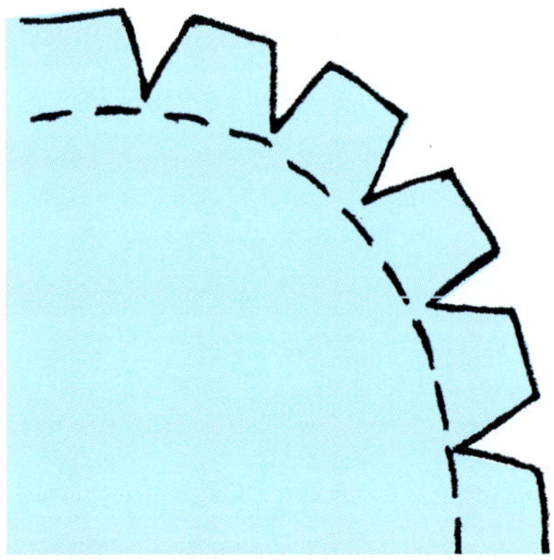

Schrägband: Gerade Kanten einfassen

Schrägband ist im Handel bereits vorgefalzt erhältlich. Dieses Band noch einmal zur Hälfte legen und einen Mittelfalz einbügeln. Die Stoffkante an den Mittelfalz des Schrägbandes schieben und zunächst mit Stecknadeln fixieren. Das Schrägband sollte gerade laufen und auf der Stoffvorder- und -rückseite gleich breit liegen. Anschließend das Schrägband feststeppen.

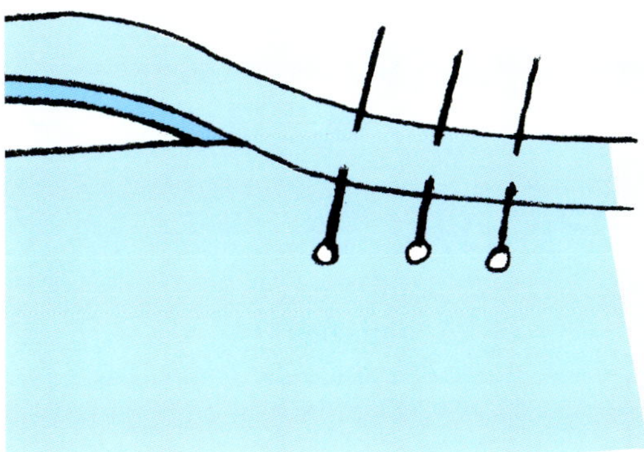

Spitze annähen

Die Spitze wird rechts auf rechts auf den Stoff gelegt, so dass die gerade Seite der Spitze an der Stoffkante liegt. Dann Spitze und Stoff mit angegebenem Abstand zur Kante zusammennähen, Nahtzugaben versäubern und nach links umbügeln. Zum Schluss den Stoff nach Anleitung absteppen. Bei Rundungen und Ecken die Spitze an der Außenkante einhalten und an der Innenkante dehnen, so dass die Spitze glatt liegt, wenn sie nach außen umgeschlagen wird.

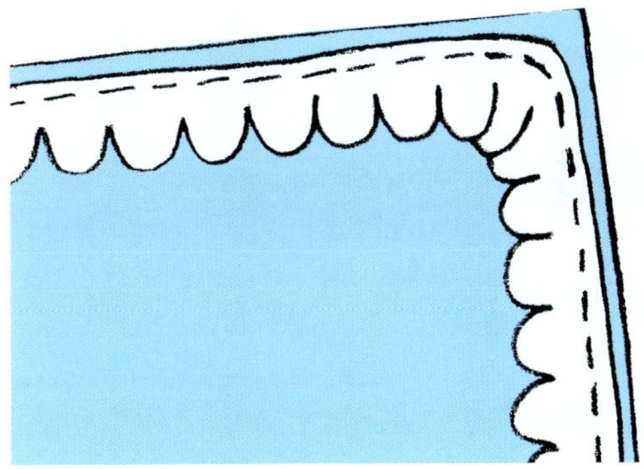

Schrägband: Ecken und Rundungen einfassen

Zunächst die gerade Kante mit vorgefalztem Schrägband einfassen und bis zur Ecke steppen. Dann das Schrägband aufklappen, diagonal falten und feststecken. Die folgende gerade Kante ebenfalls mit Stecknadeln fixieren, dann feststeppen. Bei Rundungen das Schrägband an der Außenkante dehnen und an der Innenkante einhalten.

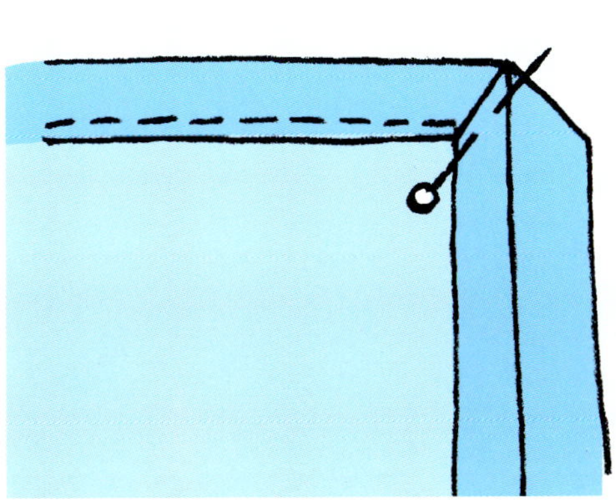

Ecke abnähen

Die entsprechende Ecke so falten, dass an der Spitze ein Dreieck entsteht, bei dem die Naht die Mitte bildet. Dieses Dreieck quer zur bestehenden Naht absteppen. In der Anleitung ist immer die Höhe des abzunähenden Dreiecks angegeben, die entlang der bestehenden Naht gemessen wird.

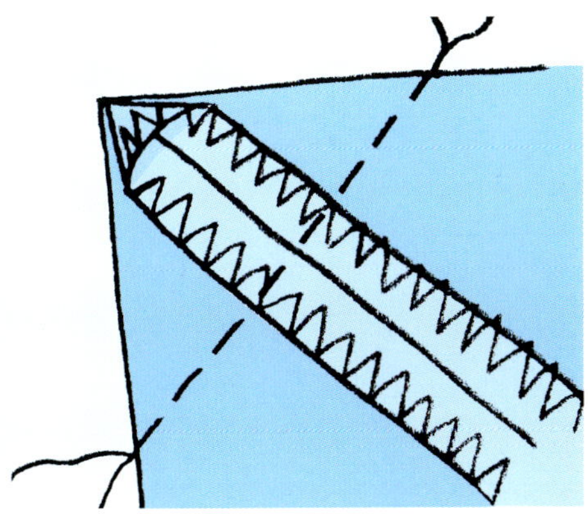

Besondere Nähtechniken

Doppelter Einschlag mit Zugband

Der doppelte Einschlag, auch als Saum bezeichnet, ist ein sauberer, abgesteppter Abschluss von offenen Stoffkanten. Die Stoffkante wird zunächst einmal in der gewünschten Breite nach hinten umgeschlagen, gebügelt, ein weiteres Mal umgeschlagen und erneut flach gebügelt. Anschließend wird der Saum entlang der Bruchkante von links festgesteppt.

Zum Hindurchziehen durch den doppelten Einschlag das vordere Ende des Zugbandes mit einer kleinen Sicherheitsnadel versehen, das andere Ende ebenfalls mit einer Sicherheitsnadel außerhalb des Tunnels feststecken. Das vordere Ende in den Tunnel einfädeln und von außen mit schiebenden Handbewegungen hindurchführen, bis es am anderen Ende wieder herausschaut. Die beiden Sicherheitsnadeln lösen.

Beidseitig verdeckter Reißverschluss

Den Reißverschlussfuß an der Nähmaschine einsetzen. Nahtzugaben der beiden Stoffkanten, an denen der Reißverschluss eingesetzt wird, versäubern. Die Reißverschlusslänge einzeichnen. Die Naht zu beiden Seiten des Reißverschlusses schließen, Nahtzugaben auseinanderbügeln und die Stoffkanten an der Öffnung in gleicher Breite umbügeln. Den Reißverschluss öffnen und unter die umgebügelten Kanten heften, so dass die Zähnchen mit der Stoffkante abschließen.

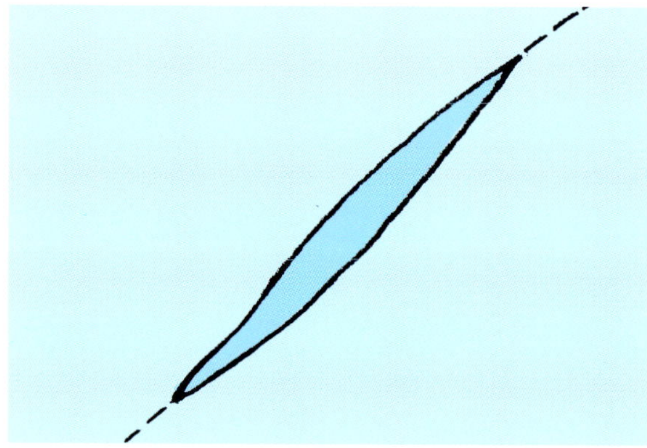

Erst die linke Seite füßchenbreit bis etwa 3 cm vor Schluss steppen, Nadel gesenkt lassen, Nähfuß anheben und den Reißverschluss am Nähfuß vorbei schließen. Bis zum Ende steppen, den Stoff drehen und die Quernaht schließen. Den Stoff bei gesenkter Nadel wieder drehen und die rechte Reißverschlussseite steppen. Nach etwa 3 cm die Nadel gesenkt lassen, Nähfuß heben und den Reißverschluss am Nähfuß vorbei erneut öffnen. Die rechte Seite und die zweite Quernaht nähen.

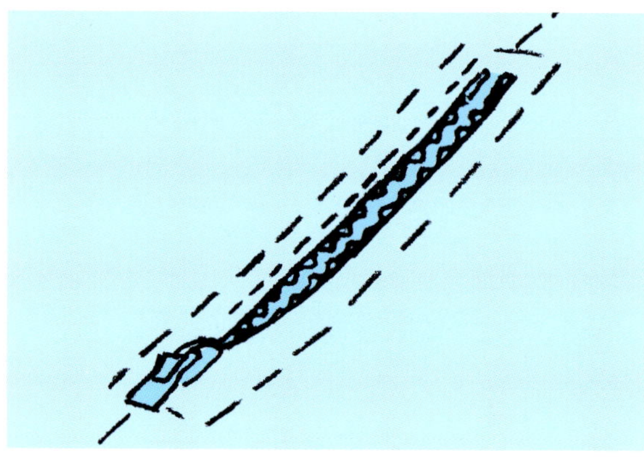

Applizieren mit doppelseitigem Bügelvlies

Doppelseitiges Bügelvlies hat eine Papierseite und eine leicht glänzende Klebeseite und wird von beiden Seiten aufgebügelt: Da es durchscheinend ist, kann man es einfach über die Vorlage legen (Papierseite oben) und das Schnittteil mit Bleistift aufzeichnen. Bügelvlies großzügig zuschneiden und mit der glänzenden Seite auf die linke Stoffseite legen und von der Papierseite her aufbügeln. Die zuvor aufgezeichnete Motivkontur ausschneiden.

Anschließend das Papier vom Bügelvlies abziehen und das Motiv mit dieser Seite auf dem Trägerstoff platzieren. Die Applikation aufbügeln und mit einem engen Zickzackstich aufnähen.

Handstich: Blindstich

Gearbeitet wird von rechts nach links. Um einen Saum anzunähen, vom Einschlag aus die Nadel in den Oberstoff einstechen, ein bis zwei Fäden des Oberstoffes greifen und im Abstand von ca. 6 mm in den Einschlag einstechen. Sollen zwei eingeschlagene Kanten aufeinandergenäht werden, durch den Einschlag der unteren und oberen Kante stechen, die Nadel ca. 6 mm durch den Stoff des oberen Einschlags führen, ausstechen und auf gleicher Höhe in den unteren Einschlag stechen. Die Nadel wieder ca. 6 mm durch den Stoff führen usw.

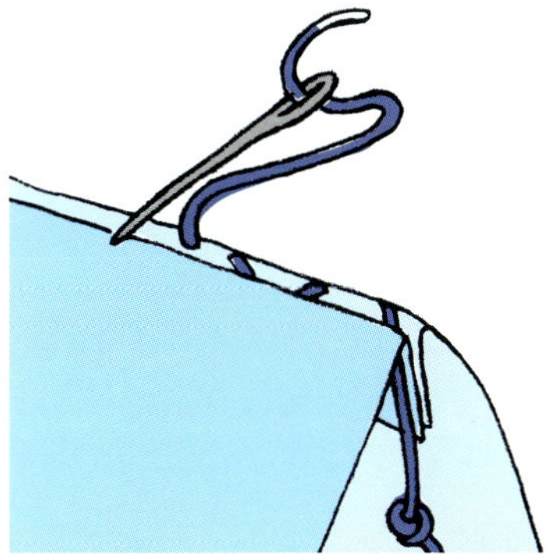

Handstich: Heftstich

Mit diesem Stich werden zwei oder mehr Stofflagen zusammengehalten, bevor die Naht mit der Maschine gesteppt wird. Hierfür einfach von oben nach unten durch die Stofflagen stechen, die Nadel ein Stück weiterführen und von unten nach oben ausstechen.

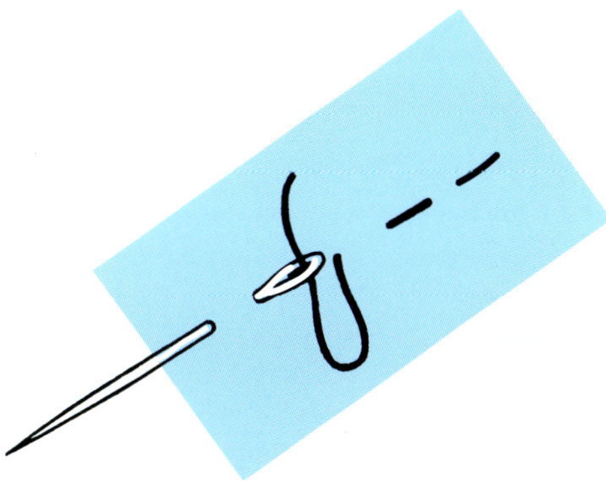

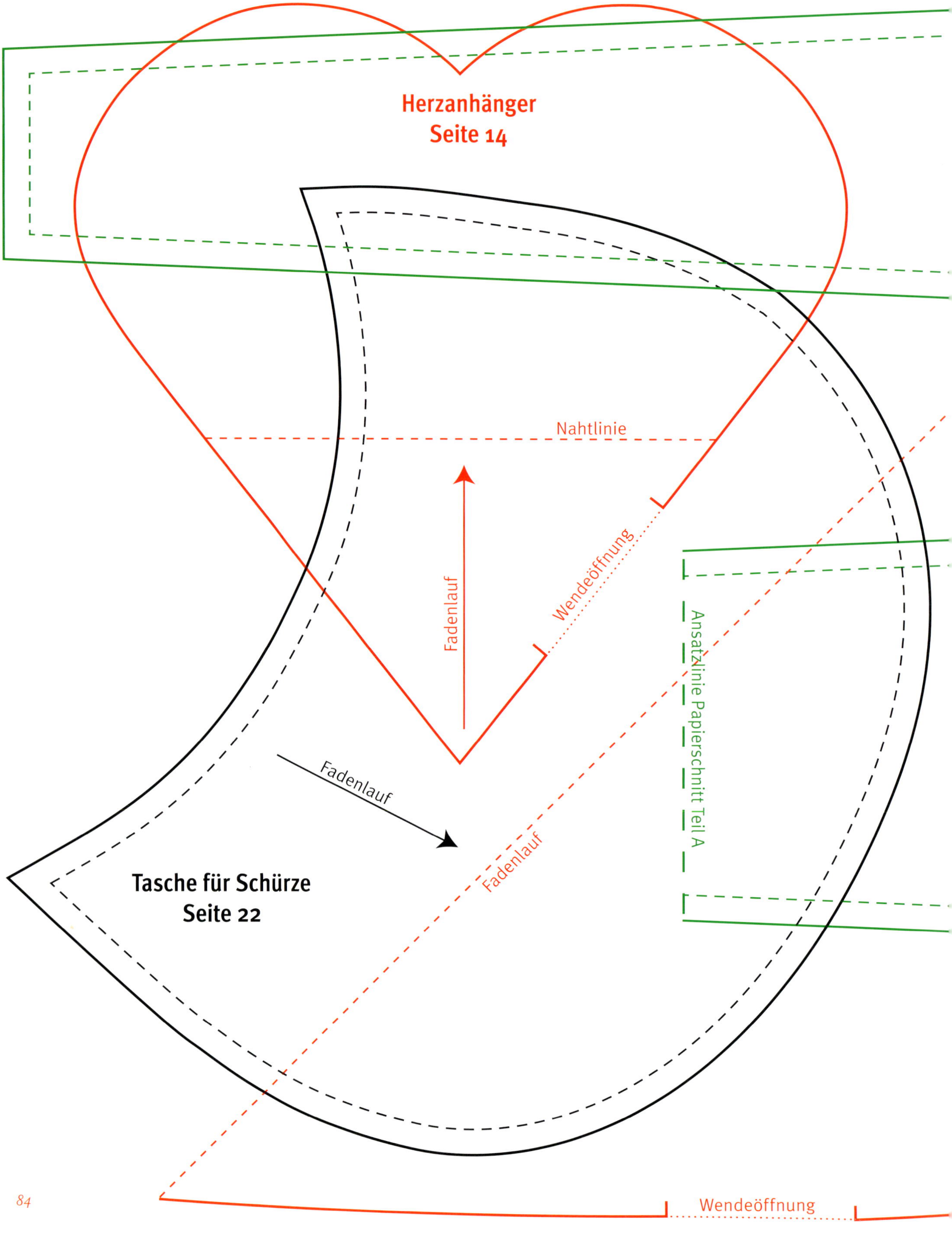
Herzanhänger
Seite 14
Nahtlinie
Fadenlauf
Wendeöffnung
Ansatzlinie Papierschnitt Teil A
Fadenlauf
Fadenlauf
Tasche für Schürze
Seite 22
Wendeöffnung

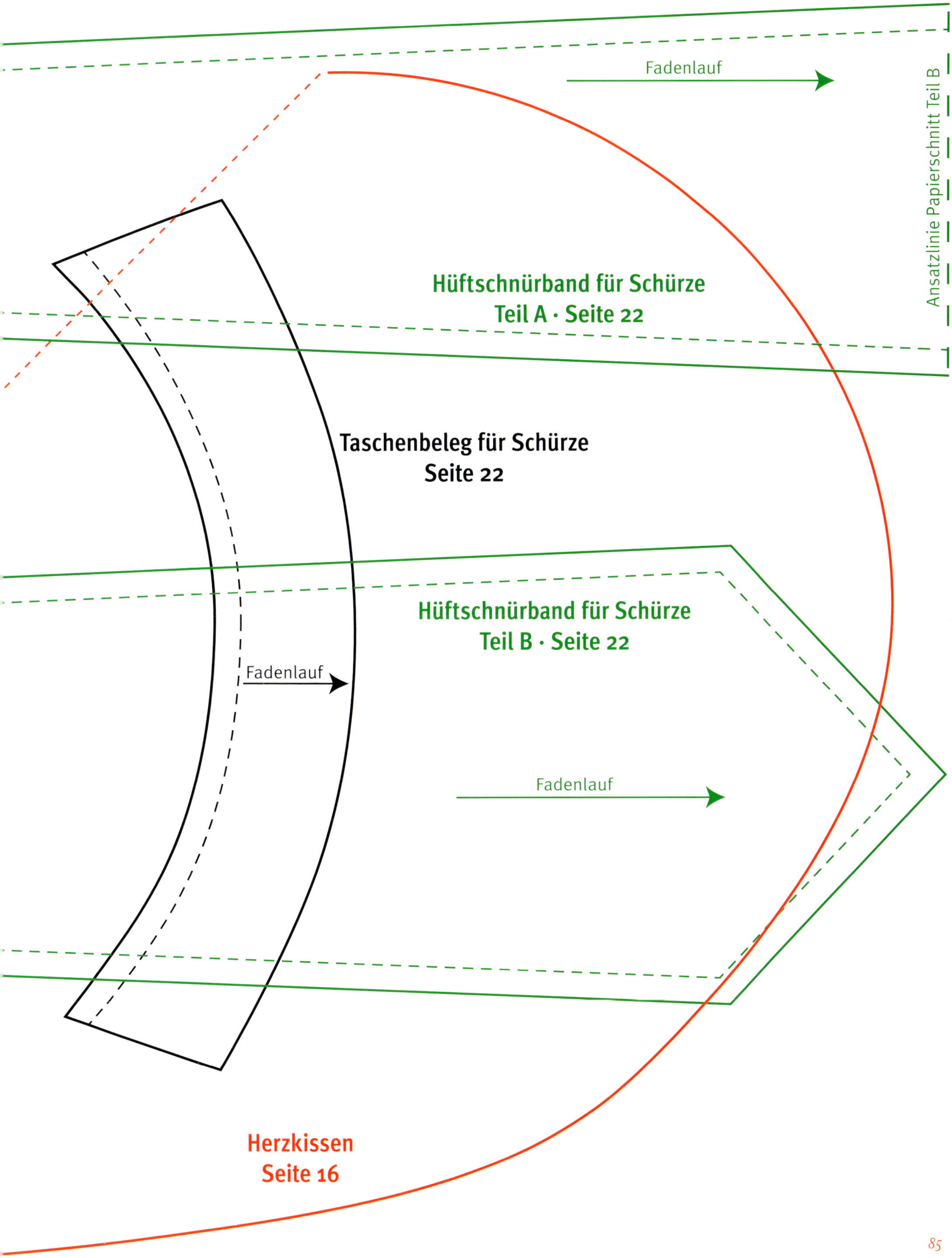
Fadenlauf
Ansatzlinie Papierschnitt Teil B
Hüftschnürband für Schürze
Teil A · Seite 22
Taschenbeleg für Schürze
Seite 22
Hüftschnürband für Schürze
Teil B · Seite 22
Fadenlauf
Fadenlauf
Herzkissen
Seite 16

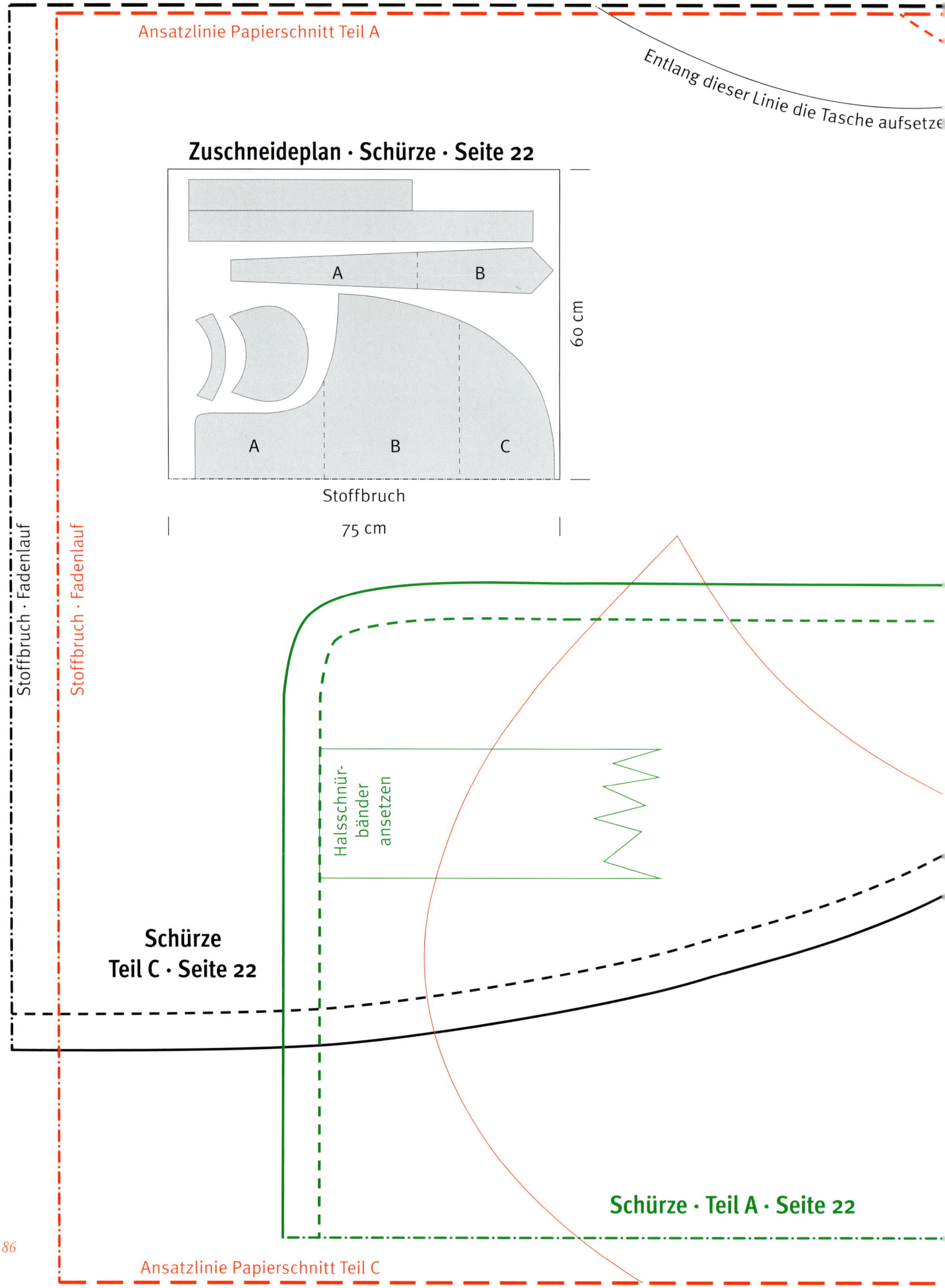

Ansatzlinie Papierschnitt Teil A
Entlang dieser Linie die Tasche aufsetze
Zuschneideplan · Schürze · Seite 22
A
B
A
B
C
60 cm
Stoffbruch
75 cm
Stoffbruch · Fadenlauf
Stoffbruch · Fadenlauf
Halsschnür-
bänder
ansetzen
Schürze
Teil C · Seite 22
Schürze · Teil A · Seite 22
Ansatzlinie Papierschnitt Teil C

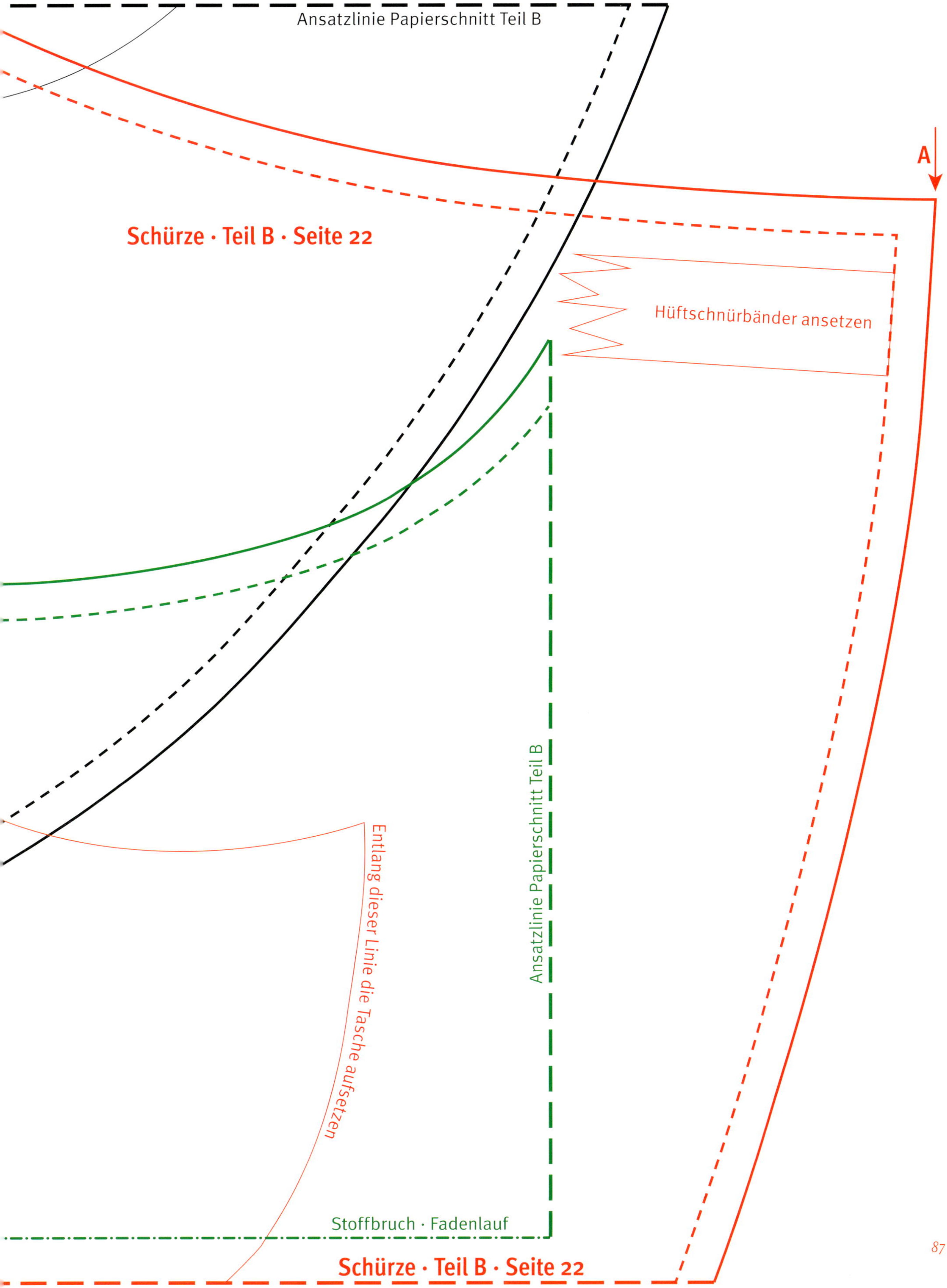
Ansatzlinie Papierschnitt Teil B
A
Schürze · Teil B · Seite 22
Hüftschnürbänder ansetzen
Ansatzlinie Papierschnitt Teil B
Entlang dieser Linie die Tasche aufsetzen
Stoffbruch · Fadenlauf
Schürze · Teil B · Seite 22

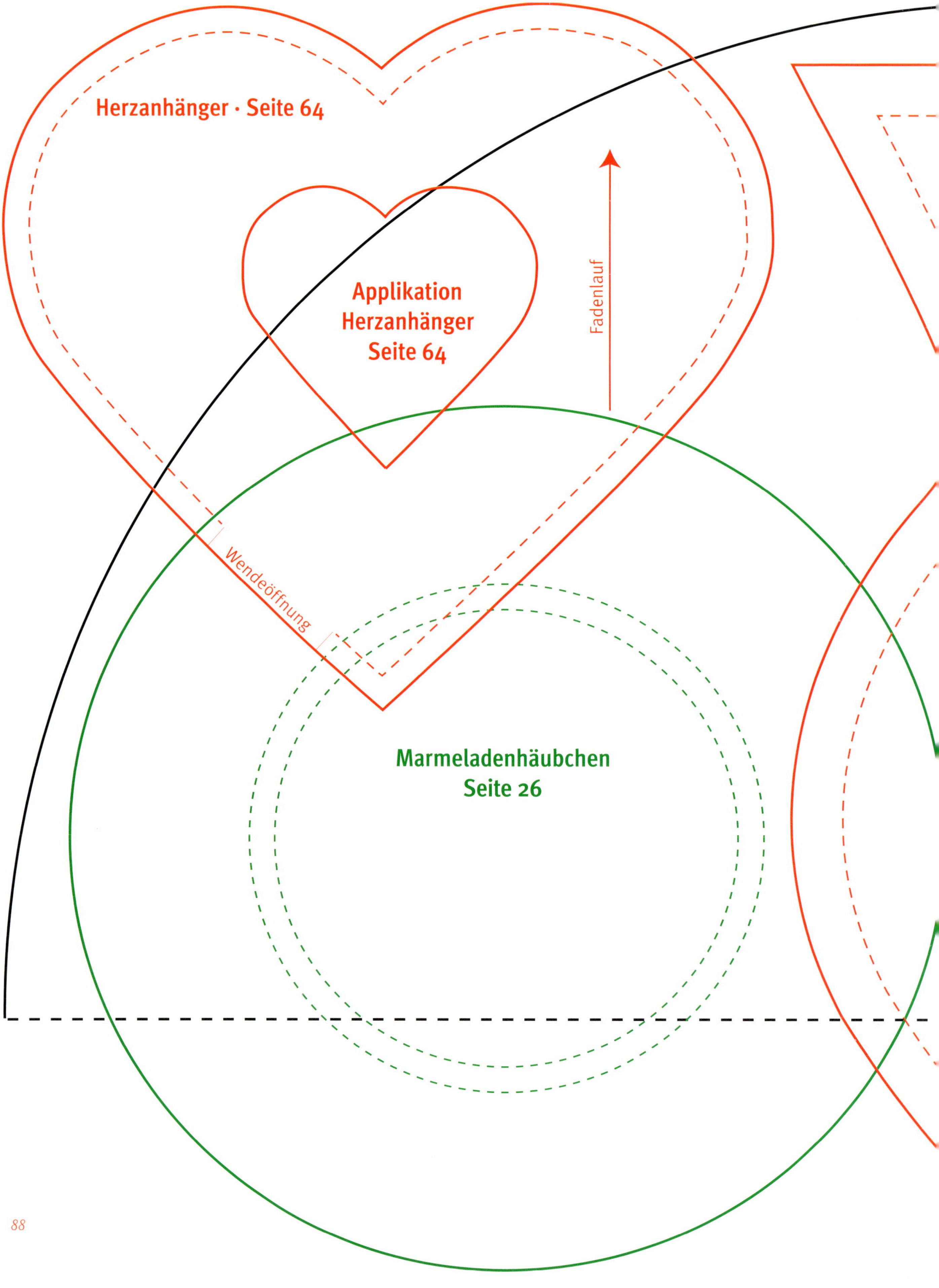
Herzanhänger · Seite 64
Applikation Herzanhänger Seite 64
Fadenlauf
Wendeöffnung
Marmeladenhäubchen Seite 26

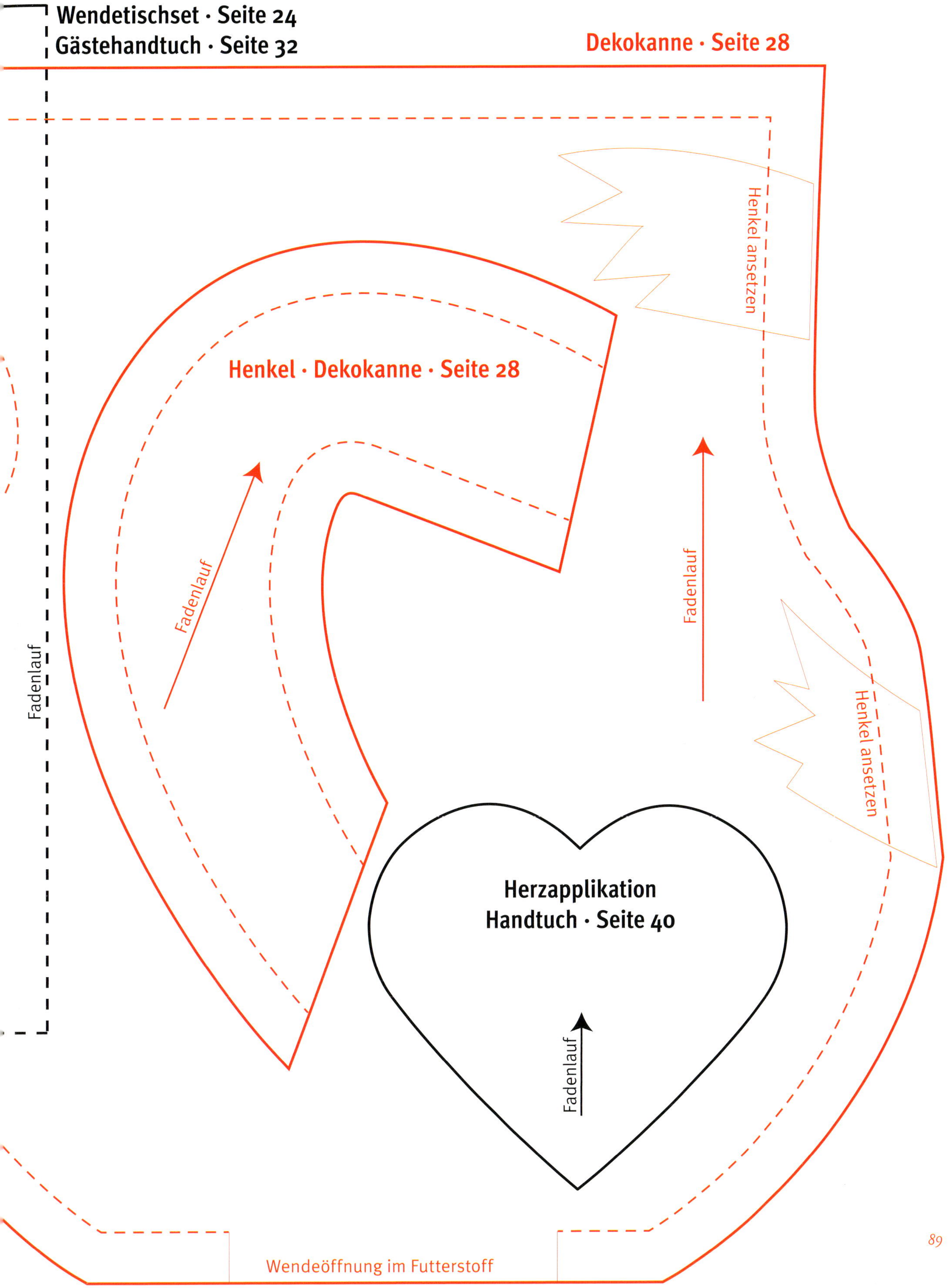
Wendetischset · Seite 24
Gästehandtuch · Seite 32
Dekokanne · Seite 28
Henkel ansetzen
Henkel · Dekokanne · Seite 28
Fadenlauf
Fadenlauf
Fadenlauf
Henkel ansetzen
Herzapplikation
Handtuch · Seite 40
Fadenlauf
Wendeöffnung im Futterstoff

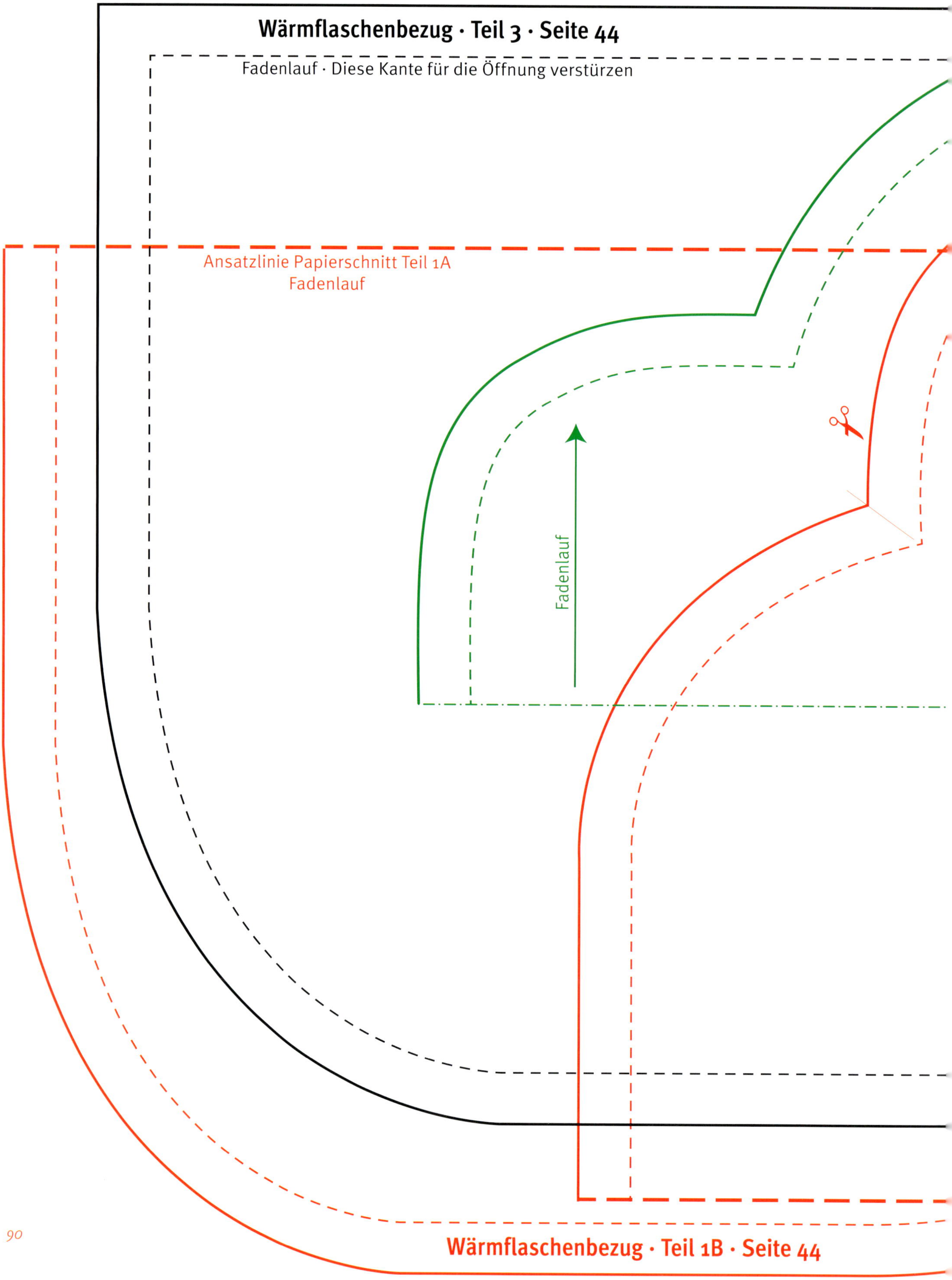
Wärmflaschenbezug · Teil 3 · Seite 44
Fadenlauf · Diese Kante für die Öffnung verstürzen
Ansatzlinie Papierschnitt Teil 1A
Fadenlauf
Fadenlauf
Wärmflaschenbezug · Teil 1B · Seite 44

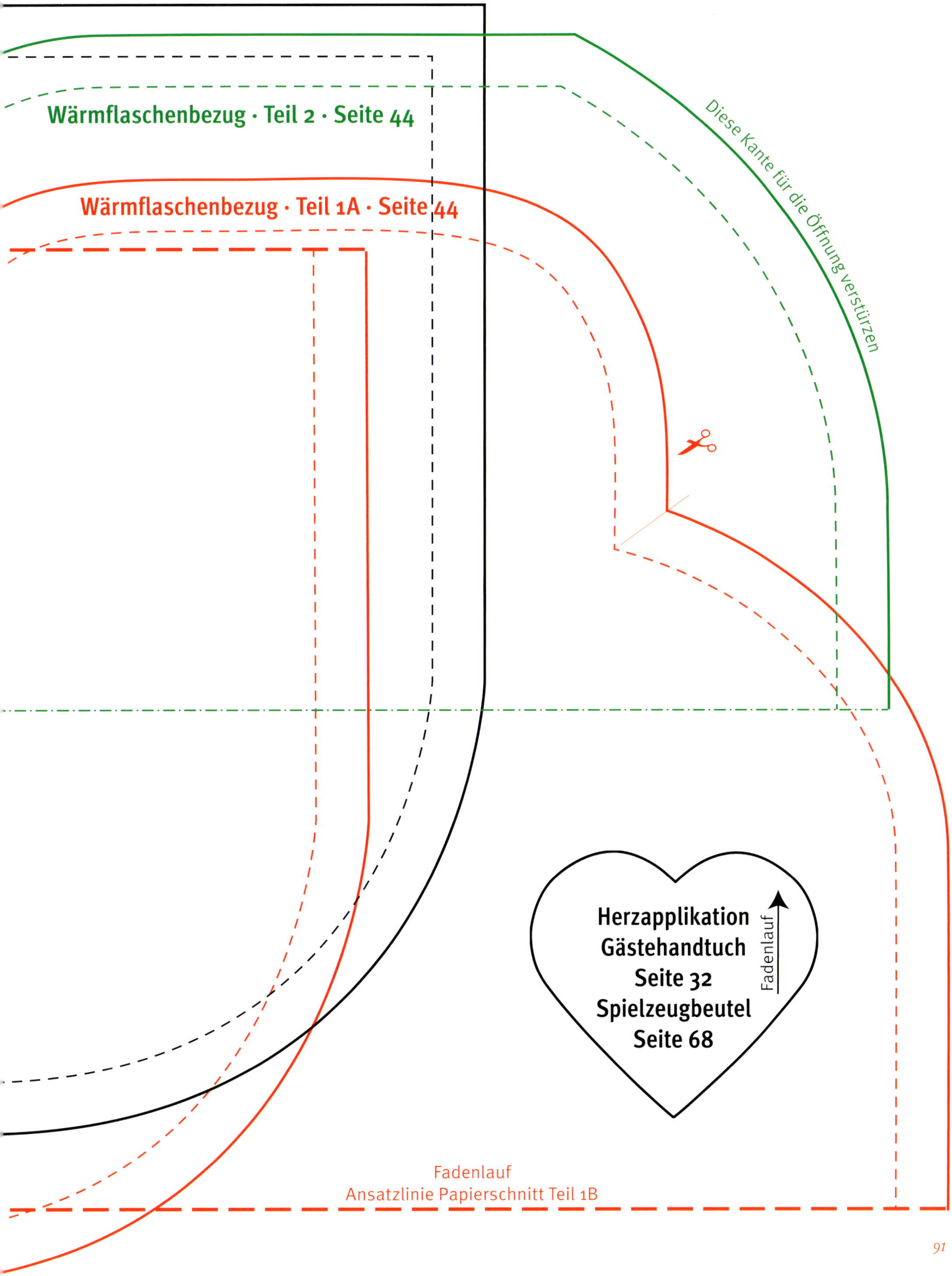
Wärmflaschenbezug · Teil 2 · Seite 44
Diese Kante für die Öffnung verstürzen
Wärmflaschenbezug · Teil 1A · Seite 44
Herzapplikation
Gästehandtuch
Seite 32
Spielzeugbeutel
Seite 68
Fadenlauf
Fadenlauf
Ansatzlinie Papierschnitt Teil 1B

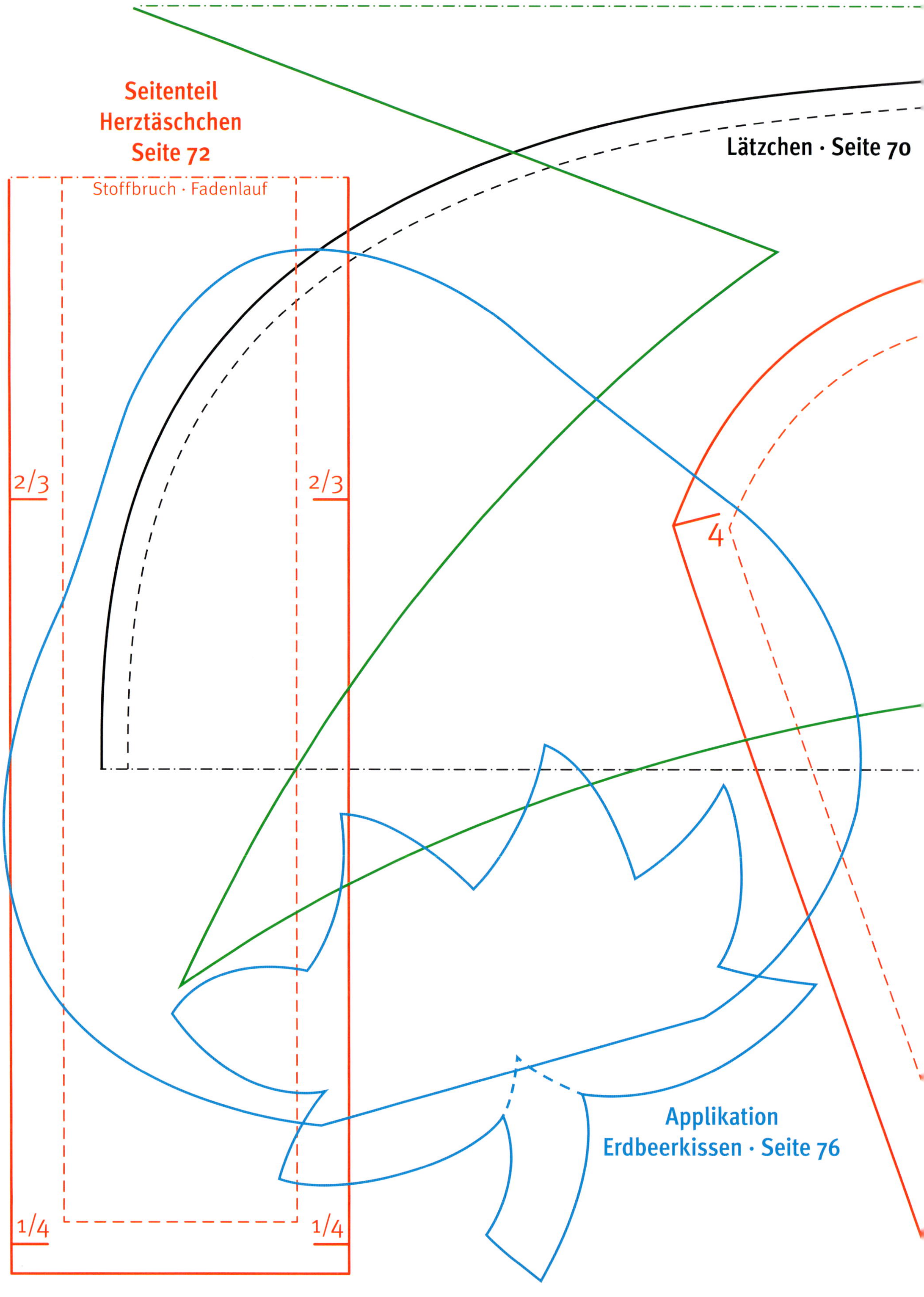
Seitenteil
Herztäschchen
Seite 72
Stoffbruch · Fadenlauf
2/3
2/3
1/4
1/4
Lätzchen · Seite 70
4
Applikation
Erdbeerkissen · Seite 76

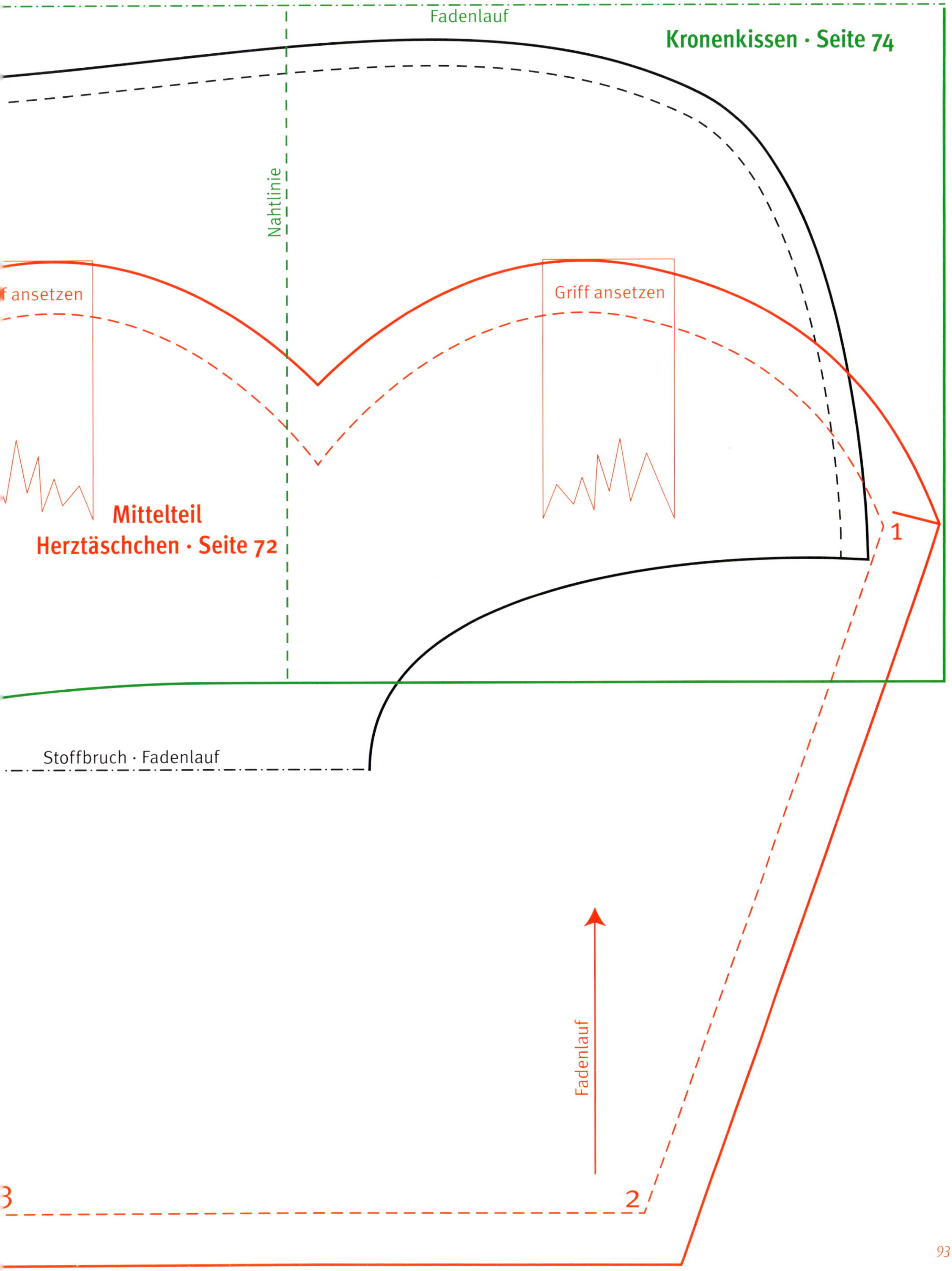
Fadenlauf
Kronenkissen · Seite 74
Nahtlinie
f ansetzen
Griff ansetzen
1
Mittelteil
Herztäschchen · Seite 72
Stoffbruch · Fadenlauf
Fadenlauf
3
2

Impressum

Autorin: Emanuela Pesché, alias tante ema
Fachlektorat: Beate Schmitz
Redaktion: Angelika Klein
Fotos: Michael Löffler (S. 19-41, 55-78)
UZwei, Uli Glasemann (S.7-17, 43-53)
Styling: Emanuela Pesché
Umschlaggestaltung: Aurélie Lambrecht
Layout und Satz: Emanuela Pesché
Technische Zeichnungen: Susanne Nöllgen, GrafikBüro Berlin
Schnittzeichnungen: Emanuela Pesché
Reproduktion: Meyle + Müller, Pforzheim
Druck und Verarbeitung: Gruppo Editoriale Zanardi SRL, Italy

ISBN 978-3-8410-6042-6
Art.-Nr.: OZ6042

6. Auflage 2012

Herstellernachweis, Bezugsquellen

Stoffe/Vliese:
Westfalen Stoffe AG, Münster
www.westfalenstoffe.de

tante ema
www.tanteema.com

Freudenberg Vliesstoffe KG, Heidelberg
www.vlieseline.de

Nähgarn:
Gütermann AG, Gutach-Breisgau
www.guetermann.com

Reißverschlüsse:
Prym Consumer GmbH, Stolberg
www.prym-consumer.de

Danksagung

Ein herzliches Dankeschön für die Unterstützung bei der Fotoproduktion gilt den Unternehmen:

Honig Galerie, Freiburg
www.honiggalerie.de

Confiserie Rafael Mutter, Freiburg
www.confiserie-rafael-mutter.de

Gans und Gar Küchenwelt, Freiburg
www.gans-und-gar.de

Pfeiffer & May Freiburg KG
www.pfeiffer-may.de

Autorin und Verlag haben die großtmögliche Sorgfalt walten lassen, um sicherzustellen, dass alle Angaben und Anleitungen korrekt sind, können jedoch im Falle unrichtiger Angaben keinerlei Haftung für eventuelle Folgen, direkte oder indirekte, übernehmen.

Die gezeigten Materialien sind zeitlich unverbindlich. Der Verlag übernimmt für Verfügbarkeit und Lieferbarkeit keine Gewährund keine Haftung. Farbe und Helligkeit der in diesem Buch gezeigten Garne, Materialien und Modelle können von den jeweiligen Originalenabweichen. Die bildliche Darstellung ist unverbindlich. Der Verlag übernimmt keine Gewähr und keine Haftung.

Die Internetseite zum Buch:
www.lieblingsstuecke-selbstgemacht.de

Kreativ-Service

Sie haben Fragen zu den Büchern und Materialien? Frau Erika Noll ist für Sie da und berät Sie rund um alle Kreativthemen. Rufen Sie an! Wir interessieren uns auch für Ihre eigenen Ideen und Anregungen. Sie erreichen Frau Noll per E-Mail: **mail@kreativ-service.info** oder Tel.: **+49 (0) 5052/91 18 58** Montag–Donnerstag: 9–17 Uhr / Freitag: 9–13 Uhr

Besuchen Sie uns im Internet: **www.christophorus-verlag.de**